味道的传承

影响中国菜的那些人

翁拥军

甬味入海 风起云涌

董克平 主编
范良虹 著

青岛出版集团 — 青岛出版社

图书在版编目（CIP）数据

影响中国菜的那些人. 翁拥军 / 董克平主编；范良虹著. — 青岛：青岛出版社，2022.1
ISBN 978-7-5736-0008-0

Ⅰ. ①影… Ⅱ. ①董… ②范… Ⅲ. ①翁拥军 – 生平事迹 Ⅳ. ①K828.9

中国版本图书馆CIP数据核字(2022)第011276号

		YINGXIANG ZHONGGUO CAI DE NAXIE REN WENG YONGJUN
书　　名	影响中国菜的那些人 翁拥军
主　　编	董克平
著　　者	范良虹
摄　　影	冯　岗　王老虎
出 版 发 行	青岛出版社
社　　址	青岛市崂山区海尔路182号（266061）
本 社 网 址	http://www.qdpub.com
邮 购 电 话	0532-68068091
策 划 编 辑	周鸿媛
责 任 编 辑	肖　雷
特 约 编 辑	刘　倩
装 帧 设 计	杨晓雯　叶德永
印　　刷	深圳市国际彩印有限公司
出 版 日 期	2022年8月第1版　2022年8月第1次印刷
开　　本	16开（787毫米×1092毫米）
印　　张	11.5
图　　数	218幅
字　　数	148千
书　　号	ISBN 978-7-5736-0008-0
定　　价	158.00元

编校印装质量、盗版监督服务电话：4006532017　0532-68068050

味道的传承

影响中国菜的那些人

董克平——主编
范良虹——著

翁拥军

青岛出版集团 — 青岛出版社

董克平 | "味道的传承"丛书主编，总策划

　　毕业于北京大学哲学系。北京APEC（亚太经合组织）领导人会议首脑宴会专家顾问，《舌尖上的中国》第一季、第二季美食顾问，《风味人间》第一季、第二季美食顾问，央视综合频道《中国味道》总顾问、总策划，央视科教频道《味·道》总顾问，摩根士丹利中国峰会宴会召集人，美团点评黑珍珠榜理事，携程美食林理事。著有《口头馋》《食趣儿》《吃鲜儿》《寻味儿》等美食文集。

范良虹 | 公众号"饭醉行"主理人，美食美酒写作者

　　厦门大学中文系硕士研究生，资深媒体人，曾就职于《福布斯》杂志社、《上海壹周》周刊社、《优家画报》杂志社和松赞文旅集团等机构。金梧桐餐厅指南榜单评委，参与2019～2022美团《黑珍珠餐厅指南》年鉴内容制作。

翁拥军，1971 年 1 月出生于宁波，方脸阔额，凤眼生威。平日里没有太多的情绪变化，说话慢条斯理，却字字铿锵、掷地有声。他像无风之海，将所有的汹涌暗流都藏在平静的海平面之下。

2011 年，翁拥军在位于上海中山西路的银河宾馆创建甬府品牌，矢志要用新鲜的原料、传统的工艺烹饪出地道的宁波味道，为宁波菜赢得声誉。

如他所愿，甬府是目前唯一为宁波菜连续带来米其林一星、黑珍珠二钻、三钻之荣耀的餐厅。

2022 年 1 月，继甬府锦江店连续 4 年蝉联上海米其林一星餐厅的荣誉之后，创立于 2019 年的甬府香港店首次收获了自己的香港米其林一星荣誉。同年 3 月 31 日，2022 黑珍珠餐厅指南发布，甬府·锦江自 2018 首获一钻之后，蝉联三年黑珍珠二钻，于当年荣升黑珍珠三钻餐厅。

"作品"已创立 10 年。当它终于成功时，各种荣誉便以出乎意料的形式纷至沓来。

且不说不能名列传统四大菜系行列中，即便在 20 世纪 80 年代出版的《中国名菜谱》中，宁波菜也只能算是江浙风味菜细分出来的一个小分支，不曾在历史舞台上有过太多的高光时刻。

但，时代变了。

随着数字时代的到来和现代物流业的高速发展，往日里的千丘万壑都逐渐"扁平化"。四大菜系也在互联网上变成了三四十个细分的菜系。经典不

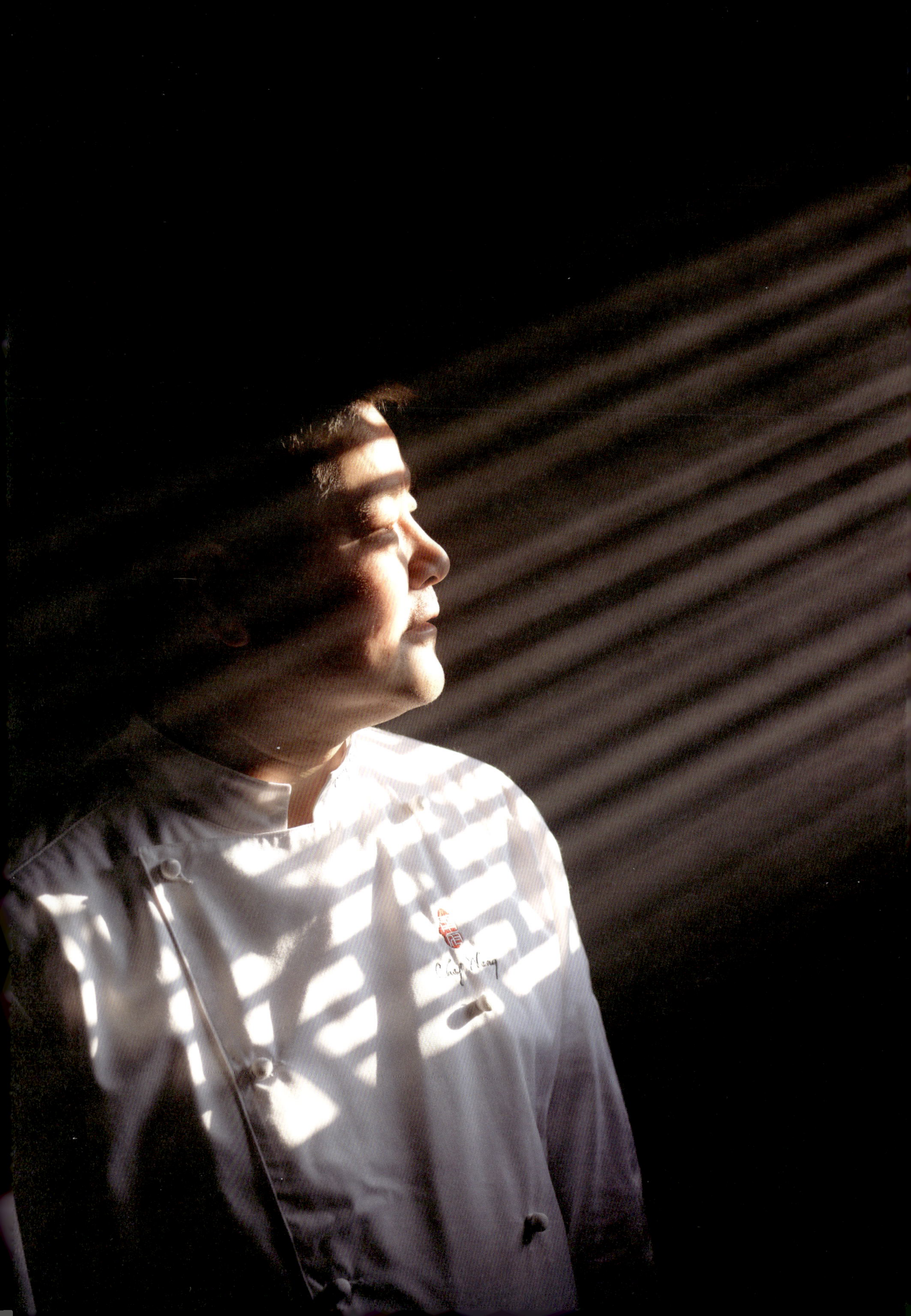

断被打破，复古成为创新的方式，风味原产地被来回歌颂，宴请更需要情感联结。中国精致餐饮的容量和野心都随着时代的发展在快速"奔跑"。

小众的地方风味菜异军突起，以更极致的地域属性结合现代烹饪技法，突破局限，展现出非同一般的冲击力。

2020 年，在疫情的冲击下，餐饮业遭受重创。小概率事件是个细目筛子，会将力有不逮者和运气不佳者筛出去。他们会被迅速弹出游戏轨道。留下的都是步步为营、稳扎稳打的强者。

2021 年 3 月"2021 黑珍珠餐厅指南"大会召开，翁拥军在其中的主厨俱乐部会议上发表了名为《异军突起的地方菜系》的演讲。他说，地方菜系，一定要走出"地方"，才能突破地域性局限和本地栓梏。他还说，在大城市的舞台上，要改良，但更要不忘初心。

翁拥军看得到，做得出，守得住，亏得起，跑得快，顺势而不跟风，独立且胸怀四海。他几乎以一己之力将宁波菜从地方小菜的低位引领至钟鸣鼎食之处。

这条路，他走了 10 年。

目录

伍。

甬府19道菜

壹。

甬味入海

人们称翁拥军为餐厅经营者中的『怪才』。他有透过现象看本质的思维习惯，与众不同的直觉、洞察力和意志力。这些让翁拥军在水大鱼大的时代成为宁波味道的代言人。

一

结束和开始

故事从最跌宕起伏的一年说起。

2013 年，是翁拥军来上海的第三年，也是迄今翁拥军做生意最惨的一年。

只一年，翁拥军就亏了 1200 万元。

亏钱的经验，他不是没有过。那是 2011 年，翁拥军在银河宾馆创立了甬府品牌。第一年就亏了 400 万元，所幸第二年就扭亏为盈。

两年后，银河宾馆因为被收购，所以要跟翁拥军结束甬府酒楼的租赁关系，同时也介绍他联系上了他一直心仪的锦江饭店。

在与锦江饭店的合作尚未谈定的空档期，翁拥军有点急躁。他随手在淮海路金钟广场接手了一个 4000 平方米的铺面，开办了人均消费 200 元的宁波菜饭店。那家饭店取名为"藏鲜工坊"。按他的说法，那就是街上捡到一个包，里面不知道是钻石还是毒药。

现在想来，当时藏鲜工坊的风格跟如今的"甬府小鲜"颇为相似。现在食客们为了在甬府小鲜吃饭，天天排长队等位，但在 2013 年，那间藏鲜工坊就是亏到无法抢救。逼得翁拥军苦撑一年后，壮士断腕，清仓退出。

壹。

甬味入海

但人的运势啊，就是奇妙。2013 年，对于翁拥军来说，像是"飞升"前的"劫数"。

古人说，失之东隅，收之桑榆。

在跌到谷底，近乎两手空空之时，甬府跟锦江饭店的租赁合同谈下来了。翁拥军把自己的全部精力都放在了锦江甬府的打造上。

甬府的品牌成长曲线，也从那时候开始急速攀升。

但现在想起来，遭遇了淮海路的大败，翁拥军反而觉得庆幸——倘不是经历那一场惨败，一帆风顺到今日，以后败的东西可能不止几千万元。

"在那之前，我的决策没有错过，所以一直很有自信。"

那场战术性的失败，让一路走来顺风顺水的翁拥军，有了谨慎之心。昔日的"毒药"，带给他日后受益良多的"免疫力"。

"你看我现在开甬府很谨慎。锦江店、龙柏店，到现在加上香港店、北外滩新店总共就 4 家。店都不大。若我没栽过那个跟头，怕是早就开出一堆甬府出来了。现在就不会急躁了，会停一停，想一想。跟头栽得早，是幸运的，因为还能爬起来。"

2014 年 3 月，翁拥军将亏损的业务尽皆斩断，开始装修锦江甬府——位于上海市中心的茂名南路上的锦江饭店内。它是一家花园式饭店，从开业至今已接待了 100 多个国家和地区的近 300 位国家元首或政府首脑，以及众多商贾巨富。

甬府位于锦江饭店北楼 12 楼。这栋始建于 1929 年的小楼，将欧洲传统风格和现代设施融为一体。这是一座青史留名的地标性建筑。曾经见证中美《上海公报》签署的锦江小礼堂就在隔壁。

4 个月后，甬府（锦江店）正式开张。挂在正厅的两个大字"甬府"是宁波籍著名作家余秋雨亲笔所书。餐厅共有 110 个餐位，9 个包间。包房均以宁波地方名命名，从慈溪、余姚到河姆渡……装修上注入的老上海风情元素和锦江饭店自身的文化底蕴两相应和。侍应生身材绝佳，样貌姣好，会着旗袍招待客人。每个人都浅笑盈盈，有几分旧时大户人家姑娘的模样。相较于初创于银河宾馆的甬府酒楼，锦江饭店的甬府算是"2.0升级版"，它的人均消费额几乎翻了1倍。

翁拥军粗算成本，认为需得每月进账160万元方能保本。团队压力很大，因为银河宾馆甬府酒楼的营业面积更大，每个月也不过入账220万元。

事实证明，锦江饭店是甬府的福地。自开业，便不曾亏，到2015年过年时，单月入账就达到240万元了。此后，每年进账新高都是在辞旧迎新的正月。

甬府的新时代，就此开始了。

二

甬味之初

宁波菜简称"甬菜"，是浙江颇具特色的地方菜系。宁波位于东海之滨、长江三角洲东南角，面临大海，地处天台山和四明山交汇处，因为地处宁绍平原，早在河姆渡文化时期便已经栽培水稻了。从宁波河姆渡遗址出土的稻谷、陶灶、陶盆等文物，都是河姆渡人在7000年前就已有烹调技术的证据。

"四明八百里，物色甲东南。"宁波有漫长的海岸线，有大小岛屿600多个，更临舟山渔场，海产品资源十分丰富，四时食材轮番上阵。宁波东钱湖则是浙江境内最大的淡水湖，盛产青鱼、草鱼、河虾……位于南塘老街牌楼边上的宁波菜博物馆从实物陈列、文字记载等方面，生动展现了宁波菜的发展历史。

关于宁波菜最早的历史记载，可以追溯到西汉。司马迁在《史记》中称宁波饮食是"饭稻羹鱼"。《食珍录》的作者是余姚人、南齐大臣虞悰。《南齐书·虞悰传》中有这样一段描述："悰治家富殖，奴婢无游手，虽在南土，而会稽（包括今绍兴、宁波地区）海味无不毕致焉。"唐时设立明州并建子城，为宁波今天的城市格局的形成打下了基础。自唐宋时起，百业兴起，引车卖浆者日益增多。林货渔鲜等南北货物集散于此。宁波的江珧、蚶、虾鲊、淡菜此时已成为常见的食品。

明清时期，丰富的海产使宁波人的饮食结构显示出明显的特色。《清稗类钞》记载："宁波人嗜腥味，皆海鲜。"《随园食单》所列海鲜共9种，其中便有宁波的淡菜、海蜇、江珧柱、蛎黄4种。

民国时期，宁波菜的风味特色更加明显。出生于宁波的许多中国现代历史人物，对家乡菜情有独钟。苋菜管、臭冬瓜、鸡汁芋艿头都是他们的日常所食。

上海，作为海纳百川的国际大都市，血管里流淌着来自全国各地的血液。早在开埠初期，许多后来居上的宁波人就渐渐在上海崭露头角。上海话也是在本地语言的基础上，吸收了宁波话与苏白（亦称"吴语白话"），混合而成的。

上海人民出版社出版的《上海的宁波人》一书中提到，1948 年上海人口 498 万，本地人口只有 75 万，而宁波人约 100 万，数量远超本地人。早年的南京路，百货业由广东人主导，但那种更灵活、面积更小的专营店，大都是宁波人开的。

邵万生、老正兴、三阳南货店、蔡同德堂、培罗蒙西服公司……宁波人在上海创办的知名商号不胜枚举。

上海的邵万生南货店现在采购的苔菜仍是产自宁波奉化。美食家唐鲁孙直接把沪甬两菜系划为一系。宁波籍女作家苏青全心全意为宁波菜代言，她在作品中写道："只喜欢宁波式的，什么是什么，不失其本味。"

1956 年宁波城隍庙举行了烹饪献艺盛会，当时名厨云集，各献其长。从当时留存的《名菜目录》来看，宁波风味特色菜有 90 多种。宁波十大名菜也由此而生。

宁波菜泰斗、中国烹饪大师戴永明曾这样总结宁波菜的风格特点：

重口味，轻形状、色彩。品味重咸。
善于烹制各种海鲜。活鱼现宰，海鲜现烹。因料施技，极尽其味。
常用"鲜咸合一"的调味方法。由此产生的独特的复合味，鲜美异常。
擅长腌、烩、烧、炖、蒸等烹调方法。

在上一个十年内，在上海最具代表性的宁波菜餐厅大概要数宁波汉通海鲜大酒店。当年在上海它是"无人不知，无人不晓"。同时进军上海的还有彩虹坊、向阳渔港等大名鼎鼎的宁波餐饮企业。它们体量大、菜品多、性价比高，整栋楼整栋楼地拿下来做生意。

烹饪大师戴永明曾就职于宁波汉通大酒店。他最早研发出的明档点菜模式，现在仍然流行。他看到，以往那种大体量酒店经营模式盛极而衰，它们继而纷纷转向了小而美的专业模式。这种变化代表了一个时代的终结和另一个时代的开始。

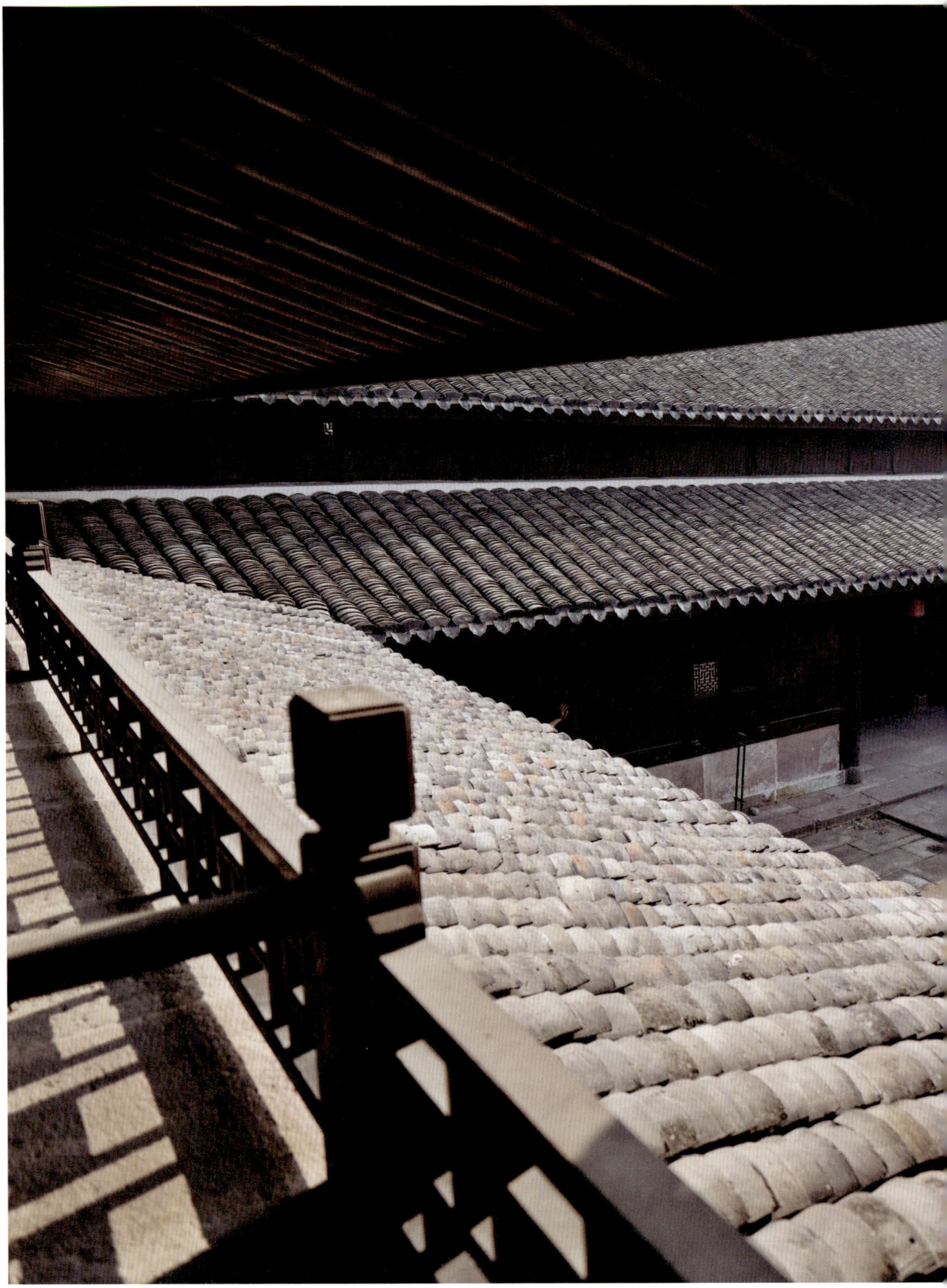

壹。

甬味入海

三

第一次当老板

❋

时间回到 2011 年，那是翁拥军第一次当老板的年份。那年，在宁波和临海当了 20 余年厨师和职业经理人的翁拥军来到上海。

2011 年的上海餐饮市场，仍是大体量酒楼的天下。在食客心目中，宁波菜大多仍是小海鲜"聚集地"，分量大，性价比高，做法简单，适合日常聚餐食用。宁波菜在上海，群众基础一向是好的，但是进行高端商务宴请大家大多还是去粤菜海鲜大酒楼。

那时宁波菜酒楼的体量也很大，但流行的是大卖场式的品牌连锁店。酒楼随随便便就是四五千平方米。大厅里人来人往吵吵闹闹。大盘叠着大盘，做法"天南地北"。味道不咸不淡，带点辣。即便是所谓的精品宁波菜，带动人均消费额的还是"鲍参肚"——它们是当时市场想象中最合理、最容易赚钱的宁波菜的食材。

创作者和市场永远处在一个相互角力的过程中。市场的无意识想象在持续驯化菜系。总有人愿意走捷径，因为思考太难，而迎合、跟风显然更容易。

但翁拥军觉得不对劲："他们根据食客的口味来调整自己的菜——不够咸，不够鲜，也不够'宁波'。我看它们哪里是宁波菜，它们就是江湖菜。"大酒楼体量大，损耗大，利用率低，服务有时跟不上，容易被客人的思想裹挟，反而失去了制作宁波菜的初心。

也许，是时候做一个自己的品牌了。

市场的缝隙里透着光。翁拥军看到了，便去做，毫不犹豫。

这种对直觉的毫不犹豫，是一种自信。

"所谓的直觉，其实是将所有的经验集合，跳过思考过程而得出的结论。"

翁拥军至此为止，拥有的都是成功的经验。

2011年，甬府品牌在银河宾馆诞生。甬府酒楼，营业面积达900平方米，有7个包厢。一个大厅里摆4张大桌，8张小台子。翁拥军从临海和宁波带来了自己的"亲兵队"，有了稳固的战斗力。当时团队的人有八成现在还留任。

现在的甬府品牌行政总厨兼主厨徐昆磊，1977年生人。早在宁波时，就开始跟着翁拥军工作，中间和翁拥军分开，自己工作了10年。但一旦昔日"老大"给他打电话，徐主厨便义无反顾地背井离乡，来到上海跟随他创业。

"虽然已经分开各自工作10年了，但老板给我打电话，我就来了。"

现在的徐主厨已经是诸奖加身的名厨，但对于他而言，翁拥军仍然是唯一的"老大"，是领路的那个人，像一座灯塔，明亮且让人安心。他需要拼尽全力，才能追上"老大"的步伐。

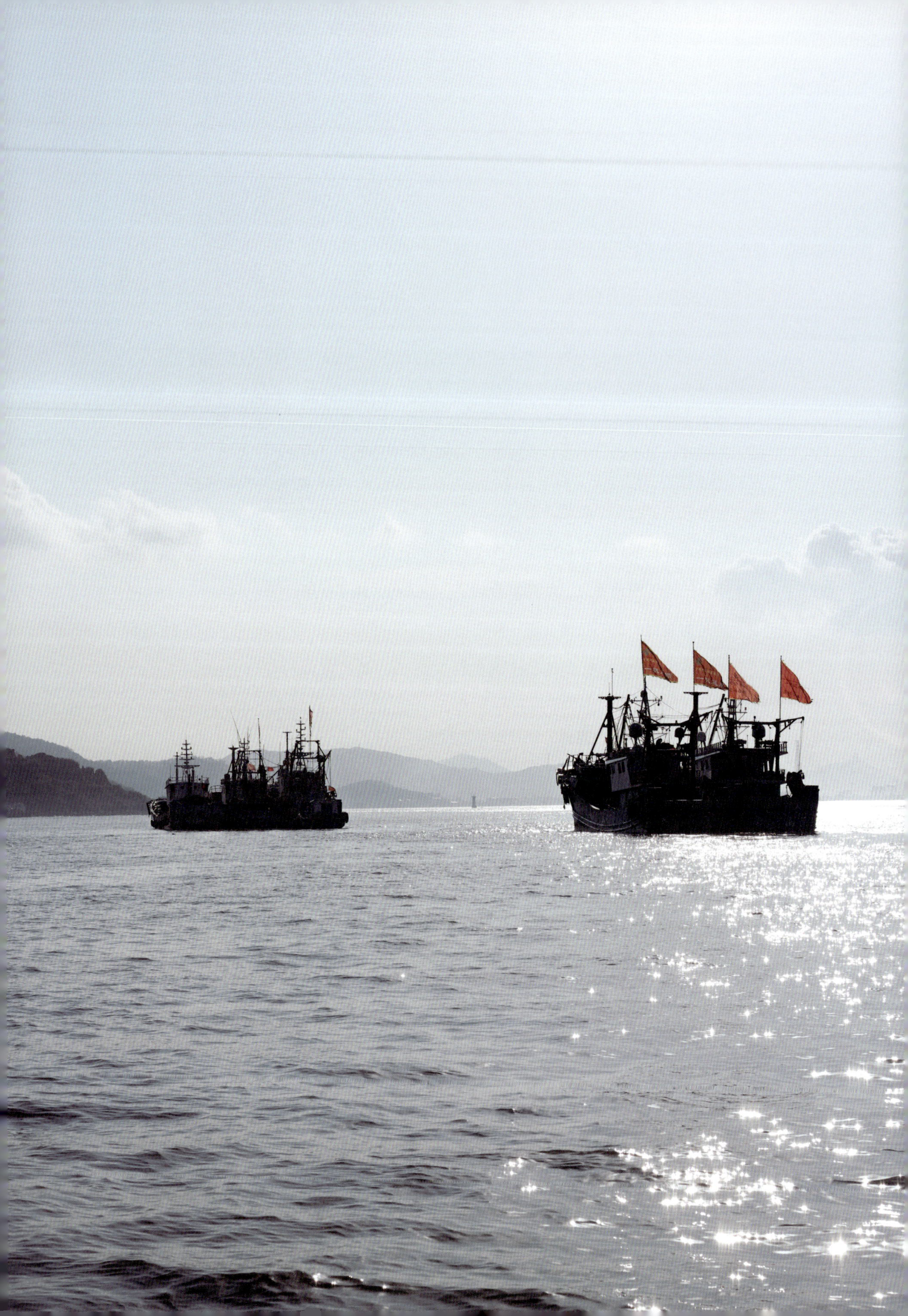

四

大鱼入海

✿

说到宁波菜，翁拥军当然有发言权。

翁拥军的父亲是中华人民共和国成立后宁波当地第一代涉外酒店的总经理。翁拥军从小就在厨房里玩。他觉得刀铲锅勺拿在手里都顺手，酸甜苦咸烟火气都有趣。他从小就主意大，虽然学习能力强，却不喜欢上学、考试。父母也拧不过他。初中毕业后，他就去宁波当时最好的酒店厨房里学厨，而且一学就是三家，一分工资都没有。好在老师傅愿意教，后生仔愿意学。当时做菜用的是煤球炉，煮的饭还是木桶饭，冬天剁猪板油还差点剁断手指头，但他做得开心。

实习了 1 年多后，翁拥军于 1988 年正式入职宁波饭店。那栋位于北斗河畔的地标性建筑，拥有的可能是宁波城区最老牌的商业酒店。从 1983 年至今，其主体建筑外貌始终保持如一。

翁拥军入职后，能力强，干劲足，很快就把厨房里各个岗位都轮着做了一遍。

1992 年，对于中国经济发展来说，是转折性的一年。邓小平视察武汉、深圳、珠海、上海等地，沿路发表了一系列有关改革开放的重要讲话，大力推进经济改革。水大鱼大的时代正式开始了！

有能力之士，都想下到海里去试试风浪。

同年，宁波本地最大的民营餐饮企业来挖人。初生牛犊不怕虎，翁拥军应邀"空降"到南国海鲜楼当厨师长。他大刀阔斧地开山辟路，重新组建后厨，招了 10 多个人，但很多人以前都没当过厨师。

一张白纸，上面的每个字都要自己写，但写成什么样，自己可以定。

翁拥军开始没日没夜地教人、带队。他待人以诚，义字当先，自己往往比下属更用功、更努力，做得出决定，顶得住质疑，担得下压力。大家都服气。功夫不负有心人，这些人之后大多成了团队的顶梁柱和他的"亲兵"。

在稳定厨房人员结构之后，翁拥军开始调整产品。当时宁波的餐饮界，为了节省物流成本，所用的海鲜都是冻产品。在翁拥军的坚持下，南国海鲜楼成为宁波第一家主打活海鲜的酒楼。空运而至的海鲜，生猛有劲。视觉效果、用餐体验在市内都力拔头筹。

2018 年，《宁波晚报》采访宁波本地名厨陈继波。他这样回忆 26 年前宁波餐饮界的龙虎斗："三星级涉外宾馆进入宁波，带来了工资高昂的香港大厨和风味独特的粤菜，震动了宁波餐饮界。同期，一家展示活海鲜风味的'南国海鲜楼'亮相甬城。新鲜的售卖方式，使其成为那个年代的'网红餐厅'。"

两年后，翁拥军从南国海鲜楼的厨师长晋升为总经理，产品、经营两手抓。那时，他不过 25 岁。

对产品要求精益求精，经营上稳扎稳打，两手抓两手硬。翁拥军的能力已经展现出来。

从 1999 年开始，翁拥军花了 10 年时间在台州临海经营华侨宾馆的餐厅项目。这是台州第一家中外合资企业，也是台州首家星级的宾馆。宾馆旁边就是新荣记东湖店。

两个未来要为中国地域菜系崛起"盖章"的人，在临海当了很长时间的邻居，谁也不知道未来潮水的走向。

虽然翁拥军不太喜欢读书、考试，但学习能力非常强，语言天赋非同一般，且喜欢交朋友。他去台州临海赴任3个月就已经能够听懂后厨用方言讲的"小话"了。半年后，他就已经可以像本地人一样用临海话唠嗑了。

接近不惑之年，翁拥军来到了上海。以前丰富多彩的经历在创业过程中都体现出了价值。所谓人生没有白走的路，每走一步都算数。

翁拥军团队曾跟银河宾馆合作举办过一次宁波美食节，双方印象都不错。他很快就适应了上海话的语境。

正如他在很多年之后的总结中所说："地方风味，只有在海纳百川的大城市的舞台上，才会有更长远的发展。"

壹。
甬味入海

上海名菜

鲁菜食谱

吃饭问题

贰。

守正出奇

20世纪80年代出版的《中国名菜谱》地方风味图书中，浙菜单列一册。宁波菜作为「宁菜」，和「绍菜」「杭菜」「瓯菜」一起成为该书的组成部分，是地方风味菜中极细小的分支。

时至今日，「宁菜」地位的大幅度提升，跟甬府的努力息息相关。

时代在变，审美在变，口味在变，但味道始终是餐厅要表达的核心。在喜新厌旧的时代里，如何在变与不变中平衡，把宁波味道的故事讲到极致，如何让地方风味菜在积淀深厚的强势菜系包围圈中杀出重围，对这些问题，翁拥军有自己的想法。

一

定义宁波菜

开办甬府酒楼，是翁拥军第一次做自己的生意，也使他第一次成为一个老板。

上海是个更具包容性也更富有挑战性的大舞台。他想把自己以前当职业经理人时因为老板制约而没有达成的愿望和想要的标准统统实现。

翁拥军为甬府立下了目标：要用新鲜的原料、传统的工艺烹饪出地道的宁波菜味道。

同时，他也给甬府团队立下几条规矩：

其一，甬府只做东海海鲜。没有鱼翅、鲍鱼，就连当时客人最想点的大龙虾也没有。

其二，避免老客户频繁光顾。一周一次最好，每周超过两次就要控制，以防客人吃腻不再"回头"。这也跟食材品种较少有关。

第三，甬府坚持做地道的宁波风味，有着自己咸鲜一体的口味标准。相对于口味清淡的粤菜而言，宁波菜咸味更重。虽然甬府已经降低一些咸味了，但仍不合上海人所习惯的口味。客人吃不惯，可以退菜，但甬府绝对不会根据客人的口味来调整标准。

第四，甬府对食材要求的标准极高，不去菜市场，不依靠单一供应商，而是直接从原产地获得第一手的货源。

一般来说，许多高端餐饮标准的诞生是源于客人的需求。从业者在刻意根据客人的需求来改造自己的面貌。这样的选择并没有问题。餐厅的成功直接而迅捷。客人的喜好就是餐厅唯一的方向。他们谨慎地遵守明确的市场需求。自己是什么，要成为什么，并不重要。

贰。守正出奇

但翁拥军不是，他很确定自己要做什么样的餐厅。他要走的是市场上尚不明确的路，并且要以自己的审美标准来与客人进行互相选择。

压力很大。

菜品不能满足客户需求和有钱不能挣的焦虑，会压回到翁拥军身上。

客人总是想点大龙虾。没有，只有东海小海鲜。

客人抱怨菜太咸了。道歉，退菜钱，但并不会改。

这样的坚持，终于形成了被尊重的味道体系。

甬府总经理徐凌想起当时的情况，总会自责，觉得自己给翁总增加了压力："一直拒绝客人的要求，我们也不理解。那本来是很容易就能做到的事情。但现在，我们就知道了。不只是客人在选择我们，我们也在塑造自己的形象，筛选认同我们的客人。"

很多甬府招牌菜，比如说宁式十八斩、芋艿羹和堂灼深海大黄鱼，都是将宁波地方菜升级后创制而成的。它们不但在餐厅初创时期为餐厅挣得了口碑，还逐渐从"甬府招牌菜"转变为"宁波经典菜"。

但翁拥军的坚持，绝对不是顽固。在与市场的角力中，他的思路越来越清晰。2021年，在一次座谈会上，他提出了甬府菜的两个属性："原生性"和"普适性"。

"原生性是要保持宁波菜的特点，利用好宁波海鲜的独特性。在此基础上，还要做到普适性。上海是一个大都会。大都会是一个融合器，展现的是绝大多数人的共识。现代上海人的生活半径、生活方式都会影响口味的选择，那么我们也要相应地做出调整，达到普适性。比如有广东客人来甬府，即便没有大龙虾，他也不会觉得有距离感。他会觉得很符合他自己的需求——没那么咸，没那么甜，很新鲜，有足够浓的鲜味。这是原生性和普适性结合的好例子。"

二

不讲性价比

　　宁波是被风土之神眷顾的宝地。600 多个岛，1500 多千米的海岸线，水网密布，"夏吃活，秋吃肥"。每个当地人都在"同情"上海的稀鱼少虾。不光有海味河鲜，宁波物华天宝，山明水秀，笋甜芋头糯。雪里蕻咸齑、宁波三臭鲜出风格，味精全无用武之地！前脚刚进禁渔期，后脚便有各种独有的水果密集上市。余姚的杨梅，奉化的水蜜桃……

　　如何把这些极致的鲜味，从地方里挖掘出来，并以"鼎盛"之姿奉到上海餐桌上，是个问题。

　　翁拥军创立甬府之初的另外一个压力来自采购原材料时的"不讲性价比"。

　　这是对食材超乎想象的要求。

　　"我们不讲性价比，只讲东西好。结账快，从来不拖。长期下去，我想再大的老板都吃不消。我们第一年亏损的原因就是这个。"翁拥军如是说。

翁拥军从业早，对码头熟，前厅后厨两手都硬。他跟许多码头的鱼老板都有十几二十年的关系，对哪条河哪段水的鱼虾好吃了然于胸。

　　甬府创立之初，翁拥军带着厨师团队在宁波挨个码头跑。除了人所共知的象山、宁海、镇海等大码头，他们对一些藏在犄角旮旯里的小码头也不放过。这些码头即便是在宁波本地工作了10多年的厨师长徐昆磊也闻所未闻："不知道老板是从哪里找出这些冷门的地方的。"

　　翁拥军常常带团队凌晨两三点去码头等渔船，看货，现场拿货。司机心疼得紧——好好的一辆宝马5系轿车，硬是被开成了脏兮兮的海鲜货车。

　　翁拥军规定甬府用的货都必须是最好的。他给采购定了规矩：蛏子一定要宁海长街镇的，白扁鲳鱼一定要象山本港的，梭子蟹、带鱼、黄鱼一定要是舟山的，梅子鱼一定要来自杭州湾海域的。

　　也是从那时候开始，翁拥军不再在一个码头把货拿全。货源细，渠道散，每天从各个码头靠公共交通工具发到上海，以确保准时到货。

　　"甬府刚开的时候，真的难。大家不认识你，鱼放在摊头上，就是不给你，因为老早就被预定了。"徐昆磊记得当时的难，"但老板识货，不讲价，定金

给得多，结账快。"一来二去，供应商心里有数了，有啥好物什都是第一时间发给甬府。

餐厅是个讲究现金流的地方。翁拥军能拿到第一手的货，也由此承担了砸在手里的风险。

银河宾馆甬府酒楼创立之初，第一年的血亏，翁拥军现在想起来还是心寒。

"真的惨。投了 300 万元，第一年账面亏损高达 400 万元。市场已经习惯了江湖菜，看到菜单价格就吓一跳，但要求高的食客，吃了就能懂。"初来上海的翁拥军没有打广告，也没有做营销活动。"完全是靠客人之间口耳相传带起来的，真的差一点儿就顶不住了。"

"一份蛏子，人家卖 30 块，我们卖 98 块。人家当然要问，你们怎么回事。"徐昆磊记忆犹新，"但你吃了就没话说了，当然是不一样的。"

熬过去了，天就亮了。甬府的名声逐渐打响。眷恋一口原汁宁波滋味的饕客，为找回自己记忆中的味道而感动到颤抖。"预期人均消费额为 300 元，实际上已经达到了 500 元。第二年就开始挣钱。"

虽然，现在甬府已经建立了稳定的供货网络，并在当地安排了采购人员，但徐昆磊主厨团队仍然保持着每个月跑一两次码头看现场的习惯。

食材，常看常新。

那些与餐厅熟稔的客人们，有"打开"甬府的正确方法。

他们稳当当地坐下，仿佛闲聊家常一样跟店经理聊天，就聊出了当日的菜单。

"今天的蛏子好吗？"

"好的呀。现在正是时候。来一份盐焗的你看怎么样？"

"好的呀。还有什么新鲜的货色帮我看看。"

菜单就不用看了呀。

翁拥军这种"不讲性价比"的习惯，其实从经营宁波南国海鲜楼时期便已初见端倪，此后一直贯穿于他的经营管理模式中。

这是一种坚持，一种深刻的"片面"，要付出探究现象和本质关系的努力。实际上，人类对物质世界的认识，人类科学知识的积累，都是杰出的先行者对各自注视的"片面"之处进行深刻探究的结果。

7年后，当翁拥军发现自己无法从这种"不讲性价比"的习惯中挣脱出来的时候，他开始另辟蹊径，借用了他人对"只讲性价比"的深刻理解，去完成品牌全面性和稳定性的铸造。

三

民间烹饪精致化

翁拥军说："我们餐厅没有'新'菜。"

甬府的菜单很厚，像一部大开本的书。菜单里尽是经典菜式。单是用老宁波做法做出的蟹就有十几二十种。所有的新菜，均由宁波各地老菜脱胎而出。菜单不大动，只会根据季节，比如黄鱼季、开渔季等更换应季海鲜。

随着品质极致的食材而来的，必然是精致化烹饪。

在走向主流的过程中，大部分地方菜系都是以当时最为流行的粤菜为骨架进行嫁接的，把地域性风味抹淡，往清新平淡的粤菜风味上靠。

翁拥军看过种种嫁接粤菜成功的案例，但他仍然决定强调地方风味。这来自传承甬味的初心和信心，也来自他对市场的洞察力。

从民间做法中提炼烹饪之道，从民间菜中"锐化"筵席菜。

他刻意回避跟其他同级别餐厅的同质化竞争。"我们要做就做比人家做得好的菜。做大龙虾做得比别人好？我没有把握。但是做大黄鱼可以。"

几乎每个月，翁拥军都会带厨师团队出门采风，去寻些当地的老菜谱。他会把他在外面吃到、看到的灵感分享给团队。那些来自宁波各地的厨师们，也总能从老家翻出些不一样的花样来。团队再来研究如何实现土菜精做。

贰。

守正出奇

那些用最"笨"的方法做出来的老味道，会令双脚久不粘泥的食客们感动到深入肺腑。

甬府的宁波汤圆，是个极好的例子。

全国都知道宁波汤圆好吃，但大部分馆子下的，是速冻汤圆——这是入不了翁拥军法眼的。"当时人们有种错觉，觉得把东西做小就是精致餐饮，所以很多宁波汤圆都被做小了。我们就偏要恢复它以前的大小。"

为了寻回记忆中的味道，

他想出了个悬赏找汤圆的法子——向村子里的家庭妇女们悬赏 5 万元，征集最好吃的汤圆，一一评比。选出第一名，拿方子教会团队后，便可获得奖励。

在宁波鄞县（现鄞州区）四明山区的村子里，共有 20 多户人家参与了评选。翁拥军带领团队也在一天之内，吃了 20 多碗汤圆，方才选出第一名的方子。翁拥军还加了些独门技巧——自制土猪油。

此后，甬府每年都会在冬至前后，去村子里收刚杀的土猪的猪板油，用来熬自用的猪油。芝麻也一定是用石臼捣碎的，而不是用粉碎机。这样做出的成品才能有香味。将甜度进行调整。皮的重量大概只占整个汤圆重量的 30%。牙齿轻轻一磕，便有黑玉流心，浓香四溢，极致顺滑，甜在心尖。早也食得，晚也食得。

汤圆由厨师们每天手工现包，只能日做 200 枚，堪堪 20 碗，但硬生生做成了招牌。"皮子太薄。别说客人带回家煮不好，就算是厨师，手生一点，也经常煮破皮。"

油渣芋艿羹，则是另外一个土菜精做的代表性菜肴。

这道菜的灵感来自象山的敲骨浆。在来上海之前，翁拥军曾在象山一家农家乐吃到了这道与海鲜无关的海边土菜。

将新鲜的猪骨头敲碎，敲出骨髓，倒在油锅里一遍遍翻炒，再加水和作料，放入砂锅中一起煨制，最后放入米粉或者芋头煮成糊状。一大口砂锅搁在炭火炉上咕嘟咕嘟地炖，里面盛着大块的骨头、大块的芋头和已然放软的大块猪油渣。

芋头香，骨头鲜。"太好吃啦！但还是有问题。"

芋头含淀粉，容易煳底。火候稍微没把握好，整锅汤都会废掉。汤量少，猪油渣只有香气没有口感。芋头块头大，很难炖烂。敲碎的猪骨头还会扎到嘴，让人很不舒服。吃到最后，大家把锅边都刮干净了，但大块的芋头都留在锅里。

创立甬府时，翁拥军想起了在象山扎到嘴也不想放手的快乐。芋艿羹应运而生。

用浓郁醇厚的筒骨炖汤打底，将精挑细选的奉化萧王庙芋艿头切小块，慢慢炖到酥，撒上猪油渣碎。翁拥军把粗粝磨成细致，把影响沉醉的障碍都扫除，只留下直达人心的香浓粉糯。

如今，整个宁波随处可见这道菜。芋艿羹俨然成了经典宁波菜的代表。

（四）

高端食材极致化

10 多年前，说到高价鱼，在食客脑子里游来游去的只有石斑、苏梅。

虽然大黄鱼在江浙地区曾有过它的高光时刻，但它始终游不到粤菜生猛的海鲜池里。

深海大黄鱼一直都是宁波菜的当家花旦，在翁拥军看来，它有睥睨四海、风光无限的身价。

为什么金贵？

因为少。

"琐碎金鳞软玉膏，冰缸满载入关舠。"这是清代诗人王莳蕙在《黄花鱼》一诗中对浙江沿海一带渔民捕捞大黄鱼的场景的真实再现。那时大黄鱼有春秋两季鱼汛。但从福建传入舟山的敲罟作业，开启了深海大黄鱼的噩梦史。长达 10 多年的过度捕捞让深海大黄鱼濒临断子绝孙的境地。

这些年，幸有禁渔期对繁殖期间的鱼类进行保护，深海大黄鱼的生存状况已有好转。

"深海的黄鱼，带有特殊的油脂香气，可以叫黄鱼香。最好吃的我们叫'拖拉网黄鱼'。捕捞的技术问题造成这种黄鱼看上去品相难看，连外面的鱼鳞都没有了。但是这种黄鱼，你翻开鳃会发现里面是鲜红的。这种黄鱼肉质鲜嫩，它的生长环境相对来说比较深，吃起来有黄鱼香。"

得益于多年来"只求最好，不讲价钱"的稳固商誉，翁拥军早已与东海区域专职捕捞深海大黄鱼的船老板建立了亲密无间的合作关系，在东海深海大黄鱼供应链上具有独一无二的优势。

米自象山港的深海大黄鱼，每日新鲜捕捞，码头直播，立时订货。当天送到甬府里，仅供当日食用。根据菜式决定选用的黄鱼的大小。大黄鱼自1斤半向上，多1斤便是一个价。4斤重以上的大黄鱼可谓无价之宝。

翁拥军感叹自己在临海还吃过10斤重的大黄鱼。现在想起来，怕已是绝响。

他把大黄鱼做到了极致。

从取肉、剖肚、拆骨等手法，到鱼松、鱼骨、敲鱼、鱼肚、鱼冻等菜式，都精益求精。治鱼之法混搭了西餐菜肴、甜品、川菜等多种烹饪手法和地方风格，或轻勾细描，或浓墨重彩。他们发掘出了吃黄鱼的多种可能性，且年年有新治之法。

每年中秋后，翁拥军常设一席黄鱼宴，款待亲朋，也接受客人预定。此时的深海大黄鱼，身姿体态正是"琐碎金鳞软玉膏"的时候，也是最"落胃"（让人吃得满意的意思）的时候。

黄鱼宴，从头至尾，几乎道道皆是大黄鱼，满目尽是黄金甲。吃黄鱼宴像是参加一次大黄鱼菜品研发成果发布会。一套黄鱼宴要用30多斤大黄鱼。最大的那条多用于堂烹，做出的是具有仪式感和表演性的菜品。比如说，堂灼深海大黄鱼、鱼子酱焗黄鱼或者京葱油灼黄鱼。

四川有名菜蒜泥白肉，甬府便有蒜泥黄鱼。以敲鱼替代白肉，再加入传统川味的蒜泥。"敲鱼"是温州常见治鱼之法，传统做法是将黄鱼肉蘸上番薯粉，用木槌敲成薄片，入水汆熟而成。后因黄鱼价高，便多用鮸鱼肉来制作。甬府再度回归传统，仍用黄鱼肉来制作。成品软弹薄透如绫罗，又有鱼肉的鲜甜，加蒜泥入口，汤汁浓稠油亮，回味悠长。

热菜更是超出想象。新鲜大黄鱼鱼肚可用酸汤烩制，堂灼深海大黄鱼展现了甬式过桥菜的奥秘，深海黄鱼腌笃鲜和蟹粉黄鱼狮子头是江浙经典菜的重构，京葱油灼大黄鱼用前所未见的手法占领味觉高地，黄鱼鱼腩用红焖法制作，黄鱼丝清炒如米线，灌汤深海大黄鱼将山鲜海珍共冶于一炉。

堂灼深海大黄鱼，2014 年甬一推出，就成为甬府的招牌菜，也是各种筵席上极具表演性质的高潮所在。

小车推出来的数斤重的深海大黄鱼，金灿如日照，昂着头似在呼吸。鱼头上有鱼鳔外吐，这是鱼离开深水区时气泡爆裂所致。保留此姿态，亦是大黄鱼从深海捕捉之明证。新鲜黄鱼鱼鳔价格高昂，有时一只鱼鳔便抵得上半条鱼的价格。鱼身片肉如冰，卧于冰盘上，极具仪式感。

用来灼鱼片的鱼汤要先炖好，煮至沸腾翻滚。将宁波年糕下滚汤滚三滚，入碗。鱼片入汤滚几滚，入碗。浇上奶汤，撒上脆生甘甜的笋丝和咸鲜浓郁的宁波雪菜。似是云南过桥菜的做法，做出的却是正经宁波味道。要将温度掌握得分毫不差，多一分则鱼肉嫌老，少一分则怕生。

2018 年，翁拥军在甬府宴推出的灌汤深海大黄鱼因为备受好评而留在了菜单上。说起来，这也不是新菜，而是曾经位列满汉全席前列的名菜，曾在徐克执导的电影《满汉全席》中 C 位（中心位置）"出道"，成为无数餐饮人心中的传奇。

但甬府并没有按传统路数——给大黄鱼腹中灌海参，在它身上披燕菜——制作，而是结合了云南风味菜的制作方法。做好的深海大黄鱼鼓着腹部独卧于白盘上，金身嵌着浓汁，旁伺刀叉。侍应生将腹部小心剖开，便有一袭铺天盖地的香

Chef Weng

气随着酱汁涌了出来。那是用云南菌子熬制的浓汁，香气非比寻常。吃时，可用鱼肉蘸酱。山鲜海意，共冶于一炉。后又研发出多种灌汤口味。

京葱油灼大黄鱼，则是甬府 2019 年首创。做此菜式的首要条件是鱼得大，这样肉片才能厚。葱、姜、蒜码齐，码上鱼片，再将自己熬好的葱油烧滚、浇入。盖上盖子，无火自滚 3 分钟。鱼片出锅，葱香四溢，皮韧红润，咸鲜葱香，红情翠意，入皮入骨。蒜瓣状的鱼肉，用筷子稍一拨，便顺纹理而裂，碎金断玉。至善至美，当之无愧。

五

他山之石

除了善用自己的成功经验和激发团队的创新能力，翁拥军也很擅长借他山之石，琢己身之玉。

2012 年，翁拥军花了 10 万元，在南京买断了一份冰镇小龙虾的配方。这个故事成为一个传奇。当年小龙虾还是大排档的便宜货，买断菜谱这种事也是少见的。甬府冰镇小龙虾卖到 50 元一只，大家都没见过这种价格。一边觉得贵得咋舌，同时又莫名地觉得合理。

多年来，冰镇小龙虾一直是甬府客人们的心头好，50 元一只的价格也从来没有涨过。物价早已不同往日，如今竟能看出性价比来了。

冰镇小龙虾的成功，对于翁拥军来说是个意外。

2011 年，甬府酒楼开业。宁式十八斩是每桌必点的菜，但总有几个月，没有膏蟹来做十八斩。宁波人愿意吃大白蟹，但上海人却不喜欢。蟹没有膏，是卖不出手的。于是，翁拥军便一直寻思着要找个宁式十八斩的换季替代品——大龙虾是不行的。考虑到要在江浙地区受欢迎，同时季节上也可以进行轮换，不如试试小龙虾吧！

吃小龙虾，要去南京。

年底，翁拥军去南京考察。那时候的南京餐饮界远不如现在欣欣向荣，"做得好的没几家"。在一家餐厅，翁拥军吃了 30 多种用不同做法做的小龙虾，独独相中了冰镇小龙虾。

这种做法，跟他心目中的"商务型"小龙虾达成了完美的契合。"我觉得这个可以。相对于市面上常见的十三香小龙虾、麻辣小龙虾，冰镇小龙虾吃起来比较优雅。而且商务客能够手一擦就干干净净地接电话。"翁拥军立即就把配方买断了，又跟宁波的口味做了一些结合，还设计了一个龙虾爬冰山的奇异造型，于是便有了流行至今的甬府冰镇小龙虾。

但在高级餐厅怎能吃小龙虾？推出伊始，有些客人并不接受。"这不是大排档吃的东西吗？怎么上得了席面？"他们这样问。

于是，翁拥军干脆给每桌送小龙虾试吃，不收钱。结果，说好的人越来越多，还要打包回家。当时上海高端餐饮没有一家卖冰镇小龙虾的，甬府起了个头。冰镇小龙虾的这种甜醉风味，特别适合上海人的口味，从此一炮而红。

翁拥军说："小龙虾其实不挣钱的，一只的进货成本就要 30 元。"但大家的喜爱持久而热烈，冰镇小龙虾也从宁式十八斩的替代品，升级为一年四季都有的招牌菜。

翁拥军是个善于抓本质的人。围绕着核心问题，思虑久，动手快，各种方式都能兼容，才有了腾挪周转的余地和意料之外、情理之中的经营之道。

他不只是将才，更是帅才。

叁。

开疆辟土

在他看来，虽然甬府把宁波菜这种小众菜系，从中低端餐饮市场带入了高端餐饮市场，使得宁波菜能够立足于高级精致餐饮之列，但如果要让它登上国际舞台，贴近国际精致餐饮习惯，甬府还有一段路要走。

从2014年起，甬府一路高歌猛进。5年后，将"米其林""黑珍珠"等餐厅奖项悉数收入囊中。翁拥军打造的甬府品牌，横向、纵向皆有布局。主打性价比的副牌"甬府小鲜"横空出世，成为餐饮界为之瞩目的品牌和纷纷效仿的经营模式；相同模式的"柿合缘新京菜"将开辟新市场；甬府品牌打入香港市场，试验性的宁波位上菜形式——甬府宴——在连续试验3年后，有了落地生根之处。川味菜和西式菜，则是翁拥军要拓展的新战场。

如果说在2011年，翁拥军个人完成了从主厨到职业经理人，再到餐厅老板的跳跃式发展，那么在接下去的10年内，就是他从餐厅老板的身份自我迭代成为餐饮投资人的飞跃。他得先看准市场，继而看准人才，方能大展拳脚。

你不知道他的下一步棋会安在哪里，好像哪里都有可能，哪里他都可以成功。

珍珠餐厅指南
2020

上海
甬府

MICHELIN
2019

MICHELIN
2021

珍珠餐厅指南
2021

上海
甬府

MICHELIN
2020

一

荣誉与流量

2018 年，是米其林进入中国的第二年。

那一年的米其林上海指南发布现场，在一星名单的滚动字幕里，首次出现了甬府的名字。全场掌声雷动，众望所归。身着特制白色厨师服的翁拥军慢慢站起身，向周围微微颔首致谢，微有喜色。

"米其林指南在所有中国餐饮人心目中，都是一种地位特别高、距离特别远的形象。米其林进上海第一年，我没有多想，但看了那年的榜单，老实说，我是有些不服气的。"

同年，美团启动"黑珍珠餐厅指南"项目。

跟米其林针对城市发布榜单不同，黑珍珠餐厅指南每年只发布一次全国性的榜单。在第一年，上海仅有 56 家餐厅上榜，甬府便是其中一家。从 2019 年起，甬府就成为黑珍珠二钻榜单的常驻选手，翁拥军也成了带领地方风味崛起的代表人物。

榜单带来了完全不同的流量。

甬府包房生意本来就好，因此并没有感受到巨大的变化。客流的提升主要体现在大厅里。翁拥军说："以前都是商务客，或者是家庭客，一来包一个房间，大厅里的人很少。但上了榜单之后，来'打卡'的散客多了很多。大厅也都是满满的。"

随之而来的，还有一个问题——差评变多了。

以前大家对甬府的点评不多，因为商务客很少写点评。但是客流一旦增大，很多甬府的优势，比如说"不讲性价比"，在有些非常讲究性价比的客人看来，就是不可思议的。

翁拥军有点烦恼。

此时，甬府已经运作稳定，经营主要由团队负责。翁拥军只看大方向，他也有时间去架构更完善的品牌体系。

于是，他决定推出一个只讲性价比的项目——甬府小鲜，去细化自己的客流。

这个项目，跟他2013年的失败项目藏鲜工坊很像。

但此时天时地利人和，与昔日已大不同。

叁。
开疆辟土

二

并行不悖

2018 年，第一家甬府小鲜诞生于陆家嘴中心地带。甫一开业，就开启了排长队模式。它和甬府成功地将客流做出了清晰的划分。

不讲性价比的甬府，和性价比"爆棚"的甬府小鲜，都有了各自的拥趸。

从次年开始，甬府小鲜每年都能登上米其林必比登榜单——在米其林评价系统里，这是一个强调性价比的榜单。

但甬府小鲜的成功，同样也是踩踏着前辈的失败案例拾级而上的。

在它之前，翁拥军曾在金钟广场开过藏鲜工坊。由于选址不当，品牌不够响，亏了 1000 多万元。在甬府之后，他尝试着在锦江饭店楼下临街的位置，开了一家没有甬府冠名的面馆。一年时间的投入，没有造成多大的响动。他索性叫停，那里只留下了一面宁波市井风貌的墙绘。

"我觉得面馆的问题在于，我用甬府的团队开面馆，让一套班底同时做商务和亲民两条线路的工作。这是不行的。习惯了做商务的团队，从前厅到后厨，再让他们进入另一套亲民的系统，是做不好的。这两者其实是相互冲突的，团队也无法贯彻我的思路。既然如此，不如就让商务团队好好做精致餐饮吧。"

翁拥军常说自己遇到合适的人，都是运气好。但，终归是心里要有谱才能遇到合适的人。

翁拥军跟严旭丰是老早相熟的宁波老乡。在创立连锁品牌的意向上，两人一拍即合。

一合酥
戴永明

严旭丰团队曾效力于小南国品牌，对操盘连锁餐饮的迅速扩张事务颇有经验。从此，翁拥军控股并执掌整体方向，甬府团队负责菜品研发和出品，严旭丰团队主管经营。翁拥军不过问细处，完全放手。大家各司其职，各展所长，高效且和谐。小鲜和甬府的菜单重合率大概为60%，重合部分相应地降低了规格。还有一部分小鲜专属的原创菜品，也是由甬府团队研发的。

"那时候，高端餐厅品牌副牌，特别喜欢叫自己'某小馆'。我觉得不要了。我们宁波人吃小海鲜，就叫'小鲜'吧。"

在甬府的品牌体系中，主品牌甬府发展得很慎重，只有锦江店、龙柏店、香港店、北外滩新店4处。副牌甬府小鲜体量相对较轻，动作也更快。

得益于甬府品牌的知名度，小鲜甫一开张，便大受欢迎。一家300平方米的小店，没有包厢，全靠大厅，能做到每个月200万元的营业额。

有了成功经验，小鲜系列担起了迅速扩展的任务，不但开疆辟土到上海的冷门商区，也做起了冲出上海的准备。在国金中心，翁拥军还差异化地打造出"甬府尊鲜"这样介于两者之间的品牌。该餐厅以大厅为主，也有便于商务宴请的包厢，不论收益还是美誉度都获得了丰厚的回报。

2020年底，国金中心商场空出了一块铺面。翁拥军把铺面拿到手里，思索着楼上是甬府尊鲜，楼下应该做什么呢。

一张上海地区的菜系分布图出现在他脑海里。潮汕菜、淮扬菜的竞争已经很激烈了，"我觉得，段誉的新京菜，能填补上海市场的一方空缺"。

2021 年 8 月，第一家"柿合缘新京菜"在陆家嘴国金中心商场开业。这是翁拥军与名厨段誉合作的新京菜品牌。段誉团队负责厨房出品，餐厅运营仍是由严旭丰团队执行完成。

"柿合缘"谐音"四合院"，是翁拥军自己想的名字，一听就是做京菜的。

段誉作为新京菜创始者，以现有的烹饪方法为基础，结合从花艺、茶道悟出的美学理论，对传统京菜进行改进和再创造。他打造的餐厅，从"拾久"到"新京熹火锅"，风格均独树一帜，令人过目不忘。

开业伊始，柿合缘带来了新京菜的招牌菜品，菜单里也会有芝麻糖饼、炒饼等大家喜闻乐见的北京小吃。同时，段誉还会用东海小海鲜创作部分菜品，以延续品牌的一致性。"之后，我们会根据客人的反馈再进行调整。"

按照翁拥军的设想，以后入驻商场，每家甬府小鲜旁边都将有家柿合缘。

上海的餐饮市场，就像一块画布，口味和需求如其上的色彩。乍看画布，上面一片斑斓、芜杂。统观全局的人，却能发现色彩的多寡浓淡，并从自己的角度加以平衡。

一个金字塔形状的品牌结构，开始逐渐完善。

从甬府的顶端到基石部分，各有所长，各有使命。而翁拥军正在将甬府品牌的疆域扩大，将基础夯实。

三

向上的脚步

英国哲学家怀特海说，每一种制度都是创见的产物，但一旦完善的常规程序建立起来了，创见便退场了。维持制度的是协调一致的各种条件反射。

翁拥军是一个自我迭代能力超强的人。对这种常规，他始终保持警惕。

在甬府很难吃到"新"菜，他们擅长的是发掘宁波各地的老味道，然后不计成本地做到极致。宁式十八斩、宁波汤圆都是典型。就像刻意回避使用大龙虾这种典型粤菜食材一样，甬府为了保持品牌形象的清晰轮廓，主动放弃了对一些领域的探索。

翁拥军承认，他因此获得了稳定的客户群，但同时也是这些客户，不接受甬府有大幅度的改变。内部创新，难度很大。"喜欢它的客人，不希望它改变。我也不想让这些甬府的老朋友们失望。那么，我不如做点新的东西。"

2018 年，甬府上榜米其林一星，甬府小鲜首店开业，同步开发的还有甬府宴。

甬府宴，是一种尝试，也是一个试验，是翁拥军向上求索的脚步。翁拥军在专注于宁波本地食材和地方风味的基础上，开发出位上式筵席菜——从冷盘、汤到热菜、主食，气象万千。以百人宴席的标准，去钻研位上菜的操作流程和经验。

叁。

开疆辟土

每次甬府宴的准备时间都长达半年之久。这种形式跟甬府常规宴席截然不同。一年一度甬府宴设在开渔之时开席，邀请的都是翁拥军自己的朋友。他挨个亲自发请柬，十分郑重。甬府宴的灵魂是大桌菜，得大一桌人热热闹闹地一起吃，才有那个味儿。但甬府宴是在锦江小礼堂摆宴，使用 3 条宴会式长桌，全出位上菜，而且是 100 多人的菜同时出，后厨压力非同一般。

在夯实基础后，翁拥军有了海纳百川的自信，要以宁波根骨来嫁接国际食材和现代技艺。甬府宴就像是一次任性的机会，什么都敢试一试。

笋芙菜的脆，和尚蟹的鲜，冬瓜燕的韧，白丝瓜的甜……川菜和粤菜的食材和烹饪技巧的融入为传统宁波味带来了变化，但根植于宁波的味觉基因才是浓得化不开的底色。

这些菜做出来，也不卖，只等着大家提意见。偶尔闲聊时，翁拥军还会贡献"官方吐槽"。只有口碑特别好的菜会留在最后的菜单上，比如说 2018 年留下的灌汤黄鱼。

但肉眼可见的是，甬府宴一年比一年好。所谓的"好"，是稳定、平衡，和即便没有光环，也能令人感到愉悦的单打实力。每年甬府宴都会给食客耳目一新的呈现，但宁波老味道贯穿始终，同时也插入了古为今用、西为中用的奇思妙想，让人感到熟悉又陌生。

在 2020 年甬府宴上，高低错落的前菜摆盘带来一种错层相搭的建筑美感，炝蟹股、望潮、黄鱼片、妈妈菜……开席四小碟都是下酒菜。

人手一盅的和尚蟹烧汤是真正的宁波老味道。曾经只有条件好的宁波人家才能吃到梭子蟹或青蟹，而和尚蟹的价格就亲民多了。和尚蟹会直着走，这让身长不过 2 厘米的它看上去有点聪明。大约是藏了"法海"的缘故，它的背会高高拱起。它们总是成群结队、浩浩荡荡地在滩涂上奔跑，有点怂怂的凶。人们叫它兵蟹。也是因为不值钱，它会成为买贵价梭子蟹的赠品。人人都吃得起。老母亲用刀背敲碎蟹壳，放入姜丝、咸笋丝，或许还有腌肉片，再码入麻将大小的冬瓜块炖制。在炭火炉灶上咕嘟咕嘟冒泡的汤水，就是童年的味道。

但现在，却少有人在家里做了。就像家里炝的蟹、手腌的咸菜、自己烤的海苔条那样记忆里密密实实的味道，在长大后就变得稀薄了。甬府的和尚蟹、冬瓜羹把回忆熬浓了带回来。和尚蟹汤汁稠，色金味鲜。不知是融入了几个连的兵蟹，才得到这一碗汤。更特别的是冬瓜，用了川菜"冬瓜燕"的做法。将冬瓜切细丝，经多种工序制作后，成品的形、味皆如燕窝，一时让人难以分辨。

富有混搭气质的还有加入笋芙菜制作的白花胶和关东参。笋芙菜原本是五花肉的黄金搭档。这种本地常见的小菜是用嫩笋切片，和咸菜一起晾晒做成的。春日里和煦的太阳带走了它的水分，将其鲜味封存在它瘦干的体内。遇到合适的契机，这鲜味就完全挥发出来，占据食欲的高点。白花胶和关东参都是极好的皮囊，像空白画纸，期待着各种滋味的描绘。

还有看起来像天妇罗的苔菜拖梅鱼，也很美味。这种永远都长不大的小鱼，肉嫩，味鲜美，不逊于小黄鱼。翁拥军一改传统面拖炸法，做出的鱼外皮酥松如起鳞，内里鱼肉则很鲜嫩。它有天妇罗的轻盈，又比天妇罗硬气。

举起一杯乐桦酒庄 2015 年的白葡萄酒。它口感明亮，酒体饱满，一如秋日凉风。

甬府宴格外追逐这种味道——它是提纯后的灶头烟火，是开了滤镜的沓杳乡愁。

过了好几年，我们才知道，这些都是翁拥军尝试升级甬府品牌的探索和彩排。

叁。

开疆辟土

叁。

开疆辟土

（四）

过筛后的强者

说这 10 年的故事，不能略过 2020 年。

那是整个世界都未曾料到的艰难时刻。

自转战至锦江饭店，甬府便不曾亏，每年的单月营收新高都来自辞旧迎新的正月。这份纪录，在 2020 年画上了终止线。

突如其来的疫情，使得原先满满当当的过年期预订全部被取消，但习惯于过年是战场的甬府"备战"员工，仍然全数留在上海。

在这种非常情况下，整个餐饮界几乎停摆。甬府的损失巨大，但翁拥军仍然坚持不闭店、不裁员，按时跟供应商全额结算。对每个客人的安全负责的同时，也对自己的员工的安全负责。"这是一个企业的社会责任。"这也是翁拥军的义气和担当。

甬府大约是上海最早一波正常营业的高端餐饮店中的一家。在整座城市几乎都在闭关的情况下，翁拥军迅速制定出应对措施。他坚持甬府从过年开始就不打烊。在保护好自己的同时，为有需要的客人服务。虽然客流量不足，餐厅空转的营业成本绝对高过休业成本，但甬府仍然保持战斗状态，自修内功。

翁拥军采用了轮班制，明确卫生安全管理章程。餐厅迅速进入准军事化管理状态：全线配备消毒液、体温计，每天分 4 个时段进行店内消毒；在口罩价格涨到最高的时候，甬府也坚持每天发口罩，并要求员工上班过程中全程佩戴；不允许员工搭乘封闭性公共交通工具上班，无必要事宜不外出。

不破并不代表不立。

甬府在 2020 年大年初二就首次开通了线上外卖系统，开始试水线上业务。翁拥军从菜单里精选出 30 道菜品。挑选的原则就是这些菜品即便放 1 小时，也没太大口感上的影响。他为此调整了众多菜品的烹饪方式，并采用干湿分离的装盒方式。

手工香肠、宁波年糕、自晒鳗鲞、三北泥螺等特色菜品一经推出就受到欢迎。以前的招牌宁波汤圆因为皮薄馅大，并不适于外带回家自己煮。甬府的徐主厨为了方便外卖，调整了配方比例，并在外卖里附上独特的煮汤圆步骤，让客人在家也能享用正宗甬府味。2020 年元宵佳节，甬府在外卖平台全面爆发——汤圆作为超级单品，直接将营业额推至顶点。

翁拥军也因此陆续为餐厅增添了许多设备，如密封设备、消毒设备等。当时物流和销售点都停了，翁拥军就直接去仓库买，以提高食品安全系数。

他同步启动了外烩服务，让客人足不出户即可享用甬府招牌餐食。虽然外卖和外烩对于高端餐饮运营成本来说，是杯水车薪，但它们是危急时刻跟客户联系感情、增强自信的重要方式。

大约在 2020 年 3 月，甬府的堂食生意便已恢复至六成。翁拥军和团队提着的心，慢慢地放了下来。

　　春声已动，好的食材一波波地回到餐桌上。黄土岭的笋，东海的白鲳鱼，出鞘有光的海刀鱼，嫩得没有渣的韭菜，带着奶香的黄格蟹……翁拥军在 2019 年冬天让徐主厨腌制的咸肉也好了。徐主厨把它拿出来，蒸一蒸，切薄片。成品晶莹剔透，如珠如玉。

　　那段时间的阳光和风，让曾经柔软的小鲜肉"熟成"，给成品带来更加复杂而紧致的风味。时间会带来变故，也会带来经验和收获。

　　即便非常日，亦有如常心。

　　2020 年 6 月起，中国精致餐饮业迎来了全面反弹，业内一片欢欣鼓舞。但翁拥军却淡定："我也没有什么反弹的感觉。毕竟之前甬府的年营业额已经到了 6000 万元，已经到顶了。"

　　但外卖的形式却由此保留下来，同时，可以进入电商领域的单品，比如说"妈妈菜""油焖笋"之类的瓶装单品也逐一研发出来。

　　临危处，必有新机缘。

五

自我迭代

2022 年 2 月，在位于北外滩的来福士广场 56 楼、57 楼和 58 楼，在能看到黄浦江拐弯的高处，翁拥军全新投入的三家高端品牌店和他个人的大师工作室即将完工。

其一，便是甬府的全新升级版本。

甬府，从来不是翁拥军的天花板。

在他看来，虽然甬府把宁波菜这种小众菜系，从中低端餐饮市场带入了高端餐饮市场，使得宁波菜能够立足于高级精致餐饮之列，但如果要让它登上国际舞台，贴近国际精致餐饮习惯，甬府还有一段路要走。它要解决的首要问题，就是如何让去骨离壳的小海鲜们，最大限度地保持其原本的风味。

坚持了 3 年的甬府宴，便是翁拥军持续性的试验。

最终，要形成一个离壳不离根、去骨不去味的宁波味道标杆。

其二便是翁拥军与川菜大师兰明路合作的全新川菜品牌"明路川"。这是源于翁拥军对川菜的热爱。他也始终觉得上海高端川菜市场还大有可为。

其三则是由西餐名厨周晨主理的西餐厅"Les nuages"（云）。周晨也是 2019 年甬府宴的顾问主厨。这位法餐主厨，23 岁就成为香格里拉集团最年轻的副厨师长，曾辗转于世界各国米其林餐厅学习烹饪技术。他同时拜在海派菜领军人物周元昌大师门下学习，对如何打造中西皆喜的西餐深有心得。

单是这三家品牌店的厨房设备，翁拥军就花了 3000 万元。

翁拥军想要在能俯视黄浦江的高处扩展自己的舞台。他从来不是潮流的追随者，而是时代的引领者。

"创立甬府是 10 年前的事情，这 10 年间，餐饮界已经发生了翻天覆地的变化。当年的厨房设备，已经限制了现在的发展。这次改造的厨房，会成为整个中餐行业的标杆。"

从厨师长、职业经理人、餐厅老板，再到投资人，翁拥军的身份始终在变。他没有刻意地去追求身份的变化，一步步走过来，似乎都是水到渠成的事情。

这种思维模式，让人想起埃隆·马斯克推崇的"第一性原理"的思维模型：回溯到事物本质，重新思考该怎么做，而不是用比较思维去思考问题。

已故房地产大亨左晖说，人的自我迭代，就是埃隆·马斯克所说的第一性原理。人自我迭代的背后，是你的冲动来自哪里、你的原动力到底是什么。它的核心在于，你要追求事情的本质。只要保持着这个原动力，你一定会自我迭代，这件事并没那么难。

翁拥军一直在往前走，往高处走。他可以游弋的空间越来越大，身边的人越来越多，担负的责任也越来越重。

他乐在其中。

肆。

行商任侠

他心胸开阔，好交友，好游历，用人不疑，疑人不用。他很少顾忌，什么都敢说，什么都敢做。他做人坦荡，待人以诚，对事不对人，不好挟私。江湖混沌，他这样的人更显可贵。

宴府甬

甬府宴

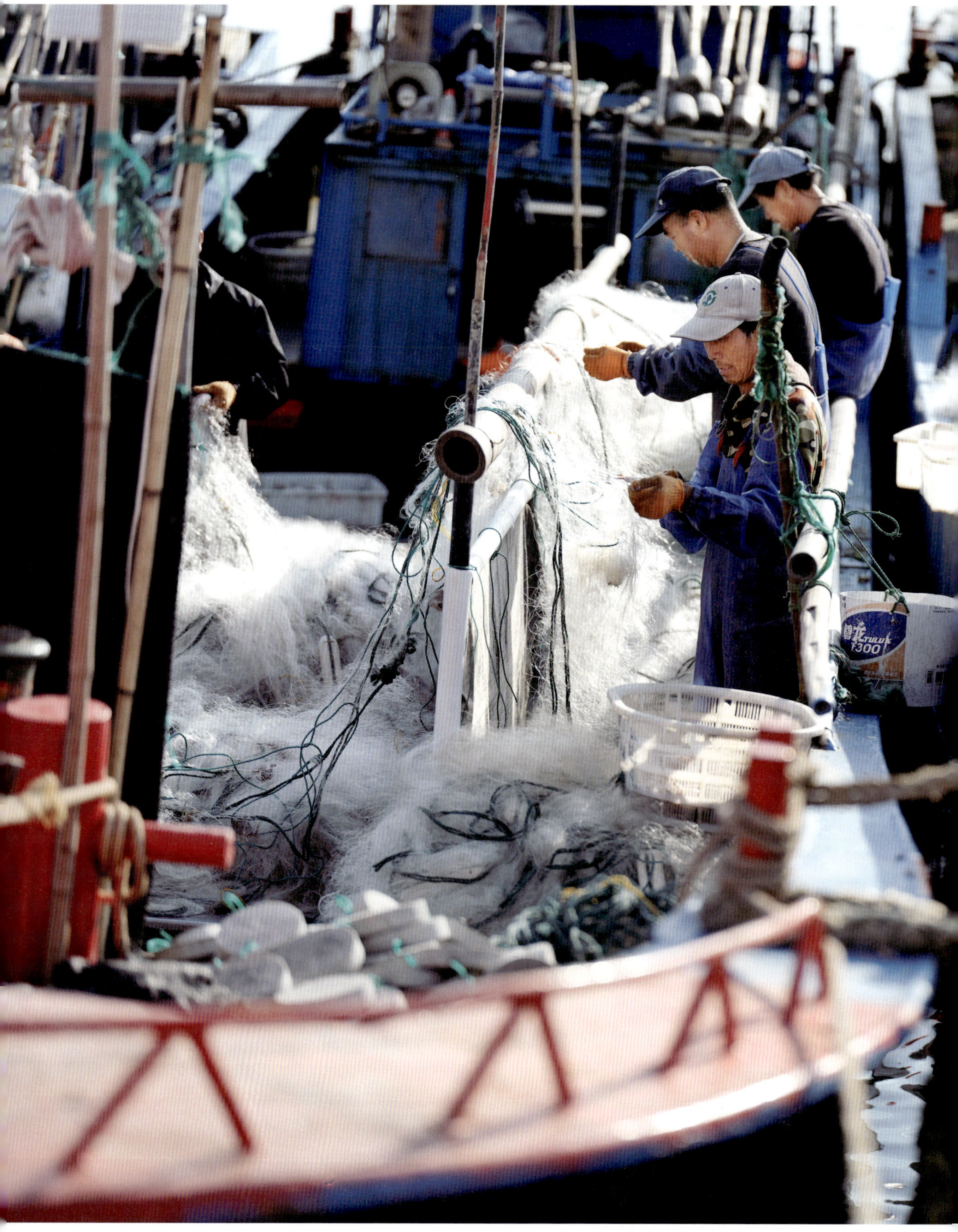

宁波依山傍海。宁波人既有山地人坚韧刚强的性情，又有渔民搏击风浪的冒险精神。清代浙东学派反对道学末流的空谈，倡导"经世致用"的务实主张。这一学风濡染了一代代宁波人。他们重实干，讲信誉，善于经营，勇于开拓。宁波，同时也是中国最早开展海上贸易的地区之一。这种谋生方式造就了宁波人的群体意识与合作精神。

翁拥军跟他的同乡，一代"船王"包玉刚相似，打的是一场信誉与人品的持久战。稳中取胜，宁肯少赚钱，也要做长远打算。目光敏锐，能在夹缝中看到生机。

他待人以诚，最看重的合作伙伴的点也是品行。故而可以相互信赖，敢于放手。

人，是最重要的。

海派菜领军人物周元昌大师跟翁拥军是忘年交。周元昌说："翁拥军虽然年轻，但他却是开拓上海餐饮市场格局的人。"

肆。

行商任侠

朋友们说

✿

✿ **徐凌 说**

　　1998 年，现任甬府总经理的徐凌毕业后的第一份工作是在台州临海华侨宾馆做服务人员。

　　那是当地第一家三星酒店，是台州酒店业的"第一块牌子"，生意挺好，氛围也不错。但是宾馆商业化经营后管理和菜肴品质都跟不上需求。市政府招待所的套路不够用了，改革迫在眉睫。

　　突然有一天，大家紧张起来。有通知说，要空降一个宁波来的厨师长，整顿经营。大家用临海话窃窃私语。老员工们有些紧张，也有些不以为然——一个外乡人，还能翻天吗？

　　徐凌算服务组的新人，包袱不重，但也好奇来的是怎样的新领导，会引起如此轩然大波。

　　但翁拥军对当时的人心参差的局面全无印象："没有啊，大家都还挺好的。"

　　"就事论事，以理服人，能做别人做不了的事，别人也就无话可说。"翁拥军仅用 3 个月就听懂了临海本地话，半年就能用临海话开会。他思路清

左起依次为周晨　翁拥军　兰明路

晰，雷厉风行，从厨师长一路升职到酒店副总经理。摒弃国营招待所式落后的管理方式，引入国际大酒店的做事风格和管理体系，他迅速成为团队的主心骨和领头羊。

10 年时间，翁拥军说他把最好的时间留给了临海。华侨宾馆中餐厅在此时期内成长为整个台州最好的餐厅之一。徐凌也以此为契机，随着突飞猛进的团队迅速成长。

徐凌记得翁拥军离开临海的那一天——2009 年 4 月 30 日——下着倾盆大雨。整个团队听闻消息后的心情正如天气一样糟糕。翁拥军要离开了，就像头羊要离开羊群，离开草原——整个餐饮部的主力都是他一手培养起来的。

徐凌当时已身居餐饮总监一职，但仍无法心平气和地接受这个消息。在离开台州之前，翁拥军正在筹建集团规格最高的临海华侨大酒店。"其实整个华侨大酒店都是他的影子。即便他离开很久之后，我们还都感觉到头上有个领导。"

1 年后，她接到了翁拥军的电话。

"老板电话里讲："我要在上海开家餐厅，我不知道它能成还是不能成，但你能来帮我吗？""

"当然了！"

当时的徐凌马上要被擢升到副总经理的职位，但她并无丝毫留恋。她迅速打包了行李，说服了父母，离开了自己工作了 10 多年的台州临海，来到上海，开始筹建甬府酒楼。

这是她毕业后的第二份工作，一直做到现在。

"翁总就像所有人的大家长，很有担当。他也会为我们着想，一直在教我们新的东西，也创造机会让我们去交流和学习。我学会了很多东西。翁总能让我们变得更好。"

徐凌最大的压力，可能在于自我提升。她很早就发现，甬府一直在自我更新中。她也必须时刻保持饱满的学习热情，才能跟上老板跑得太快的步伐。

如今，翁拥军对于甬府基本处于做"甩手掌柜"的状态。他既不签字，也不大做决定，只是把握大方向和确认菜式出品。徐凌如同甬府的大管家，和主厨徐昆磊搭档默契。有可靠之人尽心尽力，翁拥军也有了更多时间，可以在楼下自己的茶室里修炼和思考。

❀ 兰明路 说

当翁拥军遇见兰明路的时候，兰明路已经在四川绵阳住了很久了。

兰明路像一个回头浪子，在新加坡"浪"过一圈后，又回到家乡四川，拜在一代川菜宗师史正良的身下，侍厨在北高南低、水网密布的绵阳。

师父为他定了调："继承传统，融汇中西。"

2015 年，史正良过世。兰明路的天塌了。待他如子、他待之如父的那个人走了。但他仍然想留在绵阳——有师父回忆的地方。做事情之前，他都要习惯性地想一想：如果师父在，会怎么说，会怎么做。

在美食纪录片《舌尖上的中国 3》中，兰明路以一己之力带火了四川泡菜，但人们想吃他做的菜，还是得去绵阳——距离成都有 100 多千米的地方。

对于川菜创新，兰明路总结出 15 个字：四川的味道，世界的食材，国际的表达。

才大，野居，疏而不离。他活成了一个传奇。

很多人去请他出山。明明还年轻，明明绵阳之外还天大地大，他却总觉得，还是青砖石墙的绵阳厨房安稳，在四川的生活安逸。他还可以每天推老母亲到院子里晒晒太阳。外面的世界固然精彩，但他一直觉得自己还没准备好。

2019 年的一天，相熟多年的朋友董克平带了很多人来找他吃饭，其中便有来自上海的翁拥军。兰明路带着徒弟采买、烧煮、烹炒。几个菜一上桌，一路吃到疲惫的翁拥军眼睛立时就亮了。"我觉得，他在上海，能做出全中国最厉害的川菜。"

两人一见如故，想法一致："只有更深地了解传统，才有可能更有的放矢地创新。"

回上海后，翁拥军只要见人要去四川，就劝他顺路去趟绵阳，去吃吃兰明路的菜。

他们俩其实一点都不像——一个是积极进取的摩羯座人，一个是飘忽不定的水瓶

肆。

行商任侠

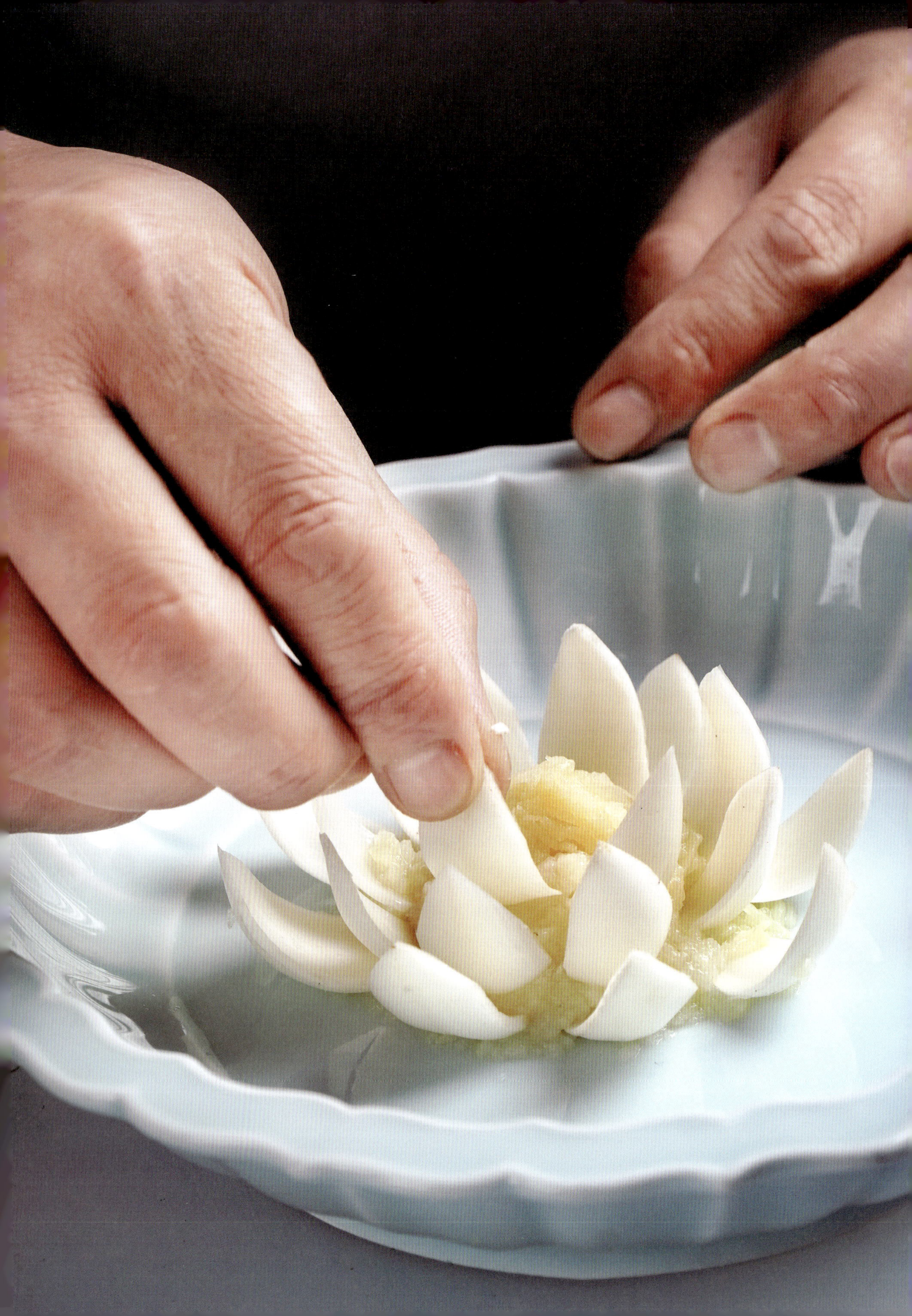

座人。翁拥军似大海无量，看起来总是很松弛的样子，不拘小节，风云不动。兰明路则如秀峰峻岭，俏丽笔挺，总是发型平顺，衣着得体，如时时有观众围观一样严谨。兰明路说，一个职业厨师，应该对生活很讲究，工作才会讲究，并重视所有的细节。

见面不过数次，翁拥军就决定把兰明路的川菜，带去上海。

翁拥军一直喜欢川菜，觉得它风味足、变化多、很过瘾。去趟乐山，他一天能吃五顿串串。他觉得上海市场还有很大的空间留给高端川菜，而兰明路，就是他一直在找的人。兰明路觉得翁拥军就像是可依靠的兄长，眼光好，有担当，对市场的脉号得极准，跟他去哪里都安心。"感觉好，这很重要。"

两人一拍即合，立刻风风火火开始准备开店事宜。兰明路主事厨房，其他所有事情都由翁拥军负责：选址、装修、经营乃至于起店名，都是翁拥军定。

"翁哥很认可我，给我很大的自由度。他对市场有方向感和敏感度，站得高，看得远。由他把握市场方向，我很放心。"兰明路说，"我还是比较擅长厨房里的事情，我师父说我是为厨房而生的。"

2021年12月，以兰明路名字命名的高端川菜馆"明路川"出现在上海北外滩的制高点，隔壁是甬府的升级品牌店。

就像翁拥军一直强调的："地方风味，一定要走出地方，才能真正地绽放光芒。"

肆。

行商任侠

二

笑看风云

翁拥军一路走来，看似顺风顺水，却也暗藏起伏。成与不成，虽与时代风云息息相关，但也是个人性格使然。

他心胸开阔，好交友，好游历，用人不疑，疑人不用。他很少顾忌，什么都敢说，什么都敢做。他做人坦荡，待人以诚，对事不对人，不好挟私。江湖混沌，他这样的人更显可贵。

创业之初，他事事亲力亲为，跑码头煮芋头下汤圆，每一个细节都亲自敲定。但当结构稳固、流程顺遂之时，他又愿意全面放手，不喜琐屑。事事不必躬亲，才有心思去想战略上的问题。

"你必须把自己跟琐碎的事情隔开，才能空出自己去想长远之计。"

人们不太看得懂翁拥军的路数，说他是"怪才"。

看似铁板一块的市场，他总能看得出缝隙，撬得出大响动。他不搞同质竞争，总是剑走偏锋。他不想迎合市场，他想的是如何引领市场，事事都早走一步，方能笑看风云。

有人问翁拥军："若是大店小店都开完了，最后，自己还想干点啥？"

他讲：

我想开个天价面馆，擀面、压面都自己来，自己动手很开心，一天只卖100碗，可以一直做下去。

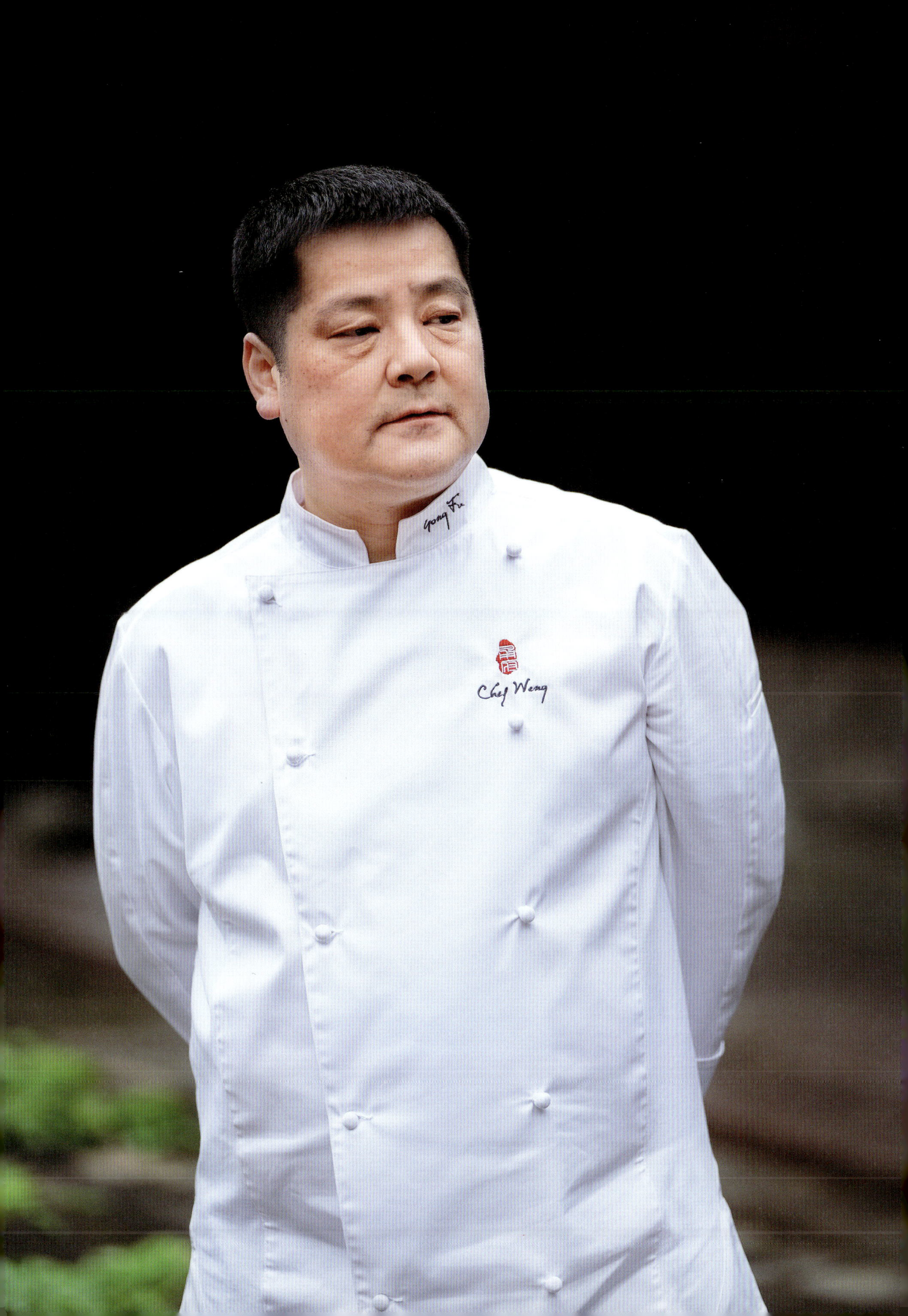
Gong Fu
Chef Weng

伍。

甬府19道菜

甬府的菜品有许多令人拍案叫绝的创作，它们不仅是经典宁波菜的现代演绎，同时也是对宁波风味菜进行大胆尝试后的新经典。

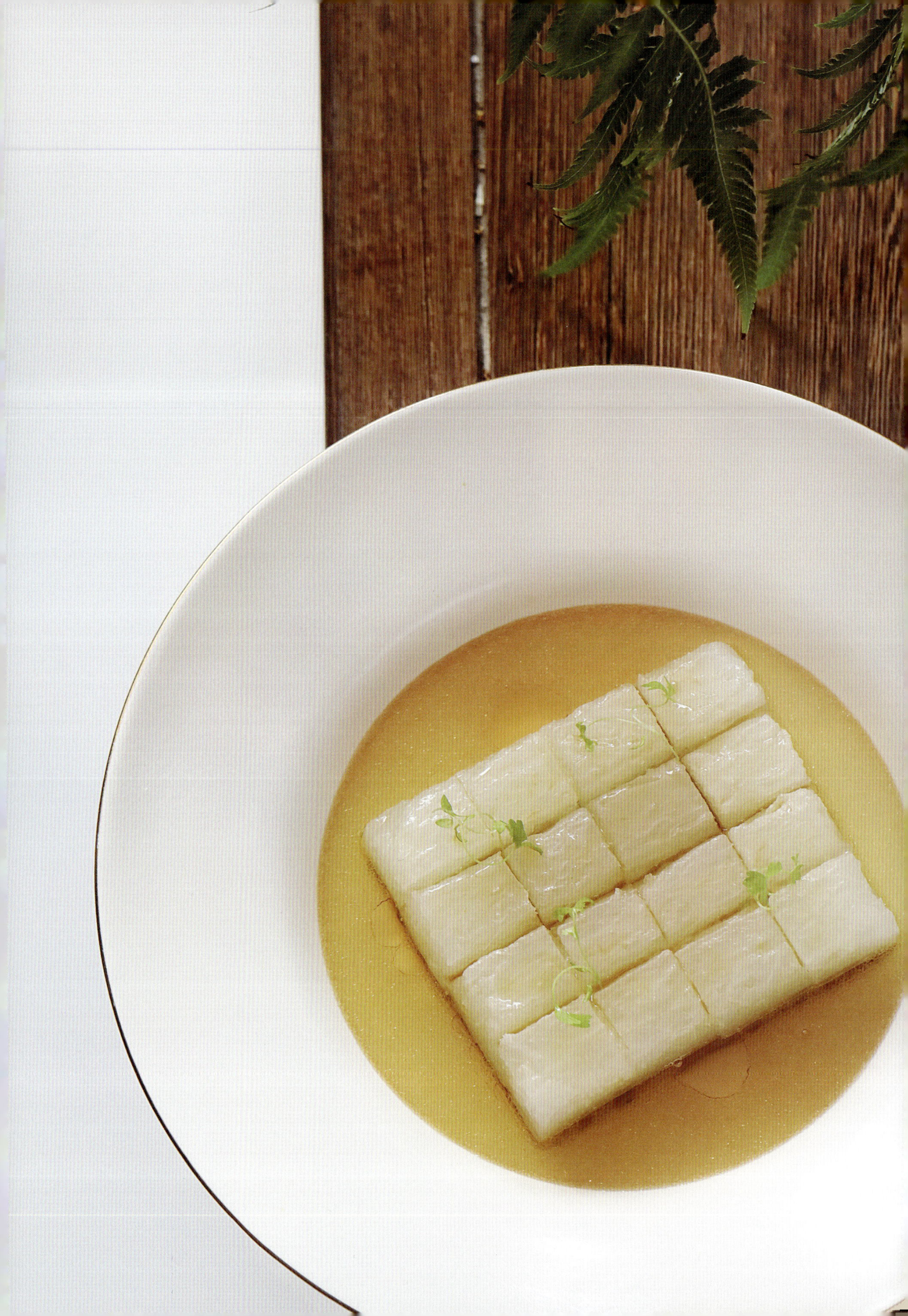

腌冬瓜

如果说要选一种爽口清新的小菜，臭冬瓜是宁波人夏季的首选。

宁波人家的"三臭"家喻户晓。臭冬瓜、臭芋艿蓣、臭苋菜管都是"臭惊四座"的绝品。宁波一带便有"麻油老酒腌冬瓜"之民谚。这种臭中透香的食物，是"老宁波"的心头好，是早晨下泡饭的佳品。

往日里，宁波人家都是自己做臭冬瓜。或用生冬瓜，取其爽；或用煮熟放凉的冬瓜，得其糯。手巧的阿嬷将肥厚的冬瓜切成块，把种子和瓤掏干净，在四周均匀地抹上盐，放入盆内，在上面再撒一层盐，置于常温下浸渍入味。"老宁波"口味重，更中意发酵款的臭冬瓜，要把冬瓜放在臭卤瓮中，使其发酵入味。冬春李节放置两个月，夏季放置1个月，方可得开坛气冲十里的气势。

出坛后的冬瓜臭得突出，尾韵带香，有种黏糊糊的质感，与纳豆有几分相似。

因为本地风味过于浓烈，所以臭冬瓜会让不习惯的人退避三舍。寻常臭冬瓜置于桌上，整间屋舍都要着味。不喜者闻之色变。长期腌制的制作方法也不符合现代的健康饮食观。对于高端餐饮来说，处理起来的确有些棘手。

翁拥军特制的臭冬瓜是在传统宁波臭冬瓜的基础上进行改良制成的，弃臭卤，轻发酵，使之符合现代饮食习惯。

他只用农历六月所出的厚皮白冬瓜，此时的冬瓜的味最好。切块，蒸透，冷汤热捂，轻度发酵。腌制两天后即可拿出，放入冷柜冰镇。成品软糯入味，且带有微微发酵的酸。拌上麻油，非常清润香口。微有酸度，口口生津，余韵悠长。佐饭下酒，无往不利。

这道菜随甬府创立上市至今热销，长期受到上海客人的欢迎，是夏季当红凉菜。

主

白肤冬瓜 ·········· 5000 克

调

麻油 ················· 20 克
盐 ···················· 200 克

饰

豆苗 ················· 少许

1. 将白肤冬瓜洗干净，去皮、瓤等杂物。

2. 切成 10 厘米见方的大块。

3. 切好的冬瓜蒸 1 小时。

4. 坛中加入 200 克盐。

5. 5000 克水烧开，倒入坛中，调成盐水。

6. 蒸好的冬瓜放凉，放入坛中。常温静置，盖上盖，倒入坛沿水，使冬瓜自然发酵 48 小时，取出后放进冰箱冷藏。

7. 上桌前，将冬瓜改刀，淋上些麻油。

8. 装饰少许豆苗即成。

要 点

1. 控制好蒸的时间，不能蒸过头。
2. 控制好自然发酵的时间。
3. 一定要选用宁波本地的白肤冬瓜。

伍。甬府 19 道菜

宁式十八斩

相对于宁波的传统炝蟹而言，宁式十八斩得算后起之秀。

让宁式十八斩一跃成为当红宁波菜，并俨然成为经典甬菜的，是翁拥军。

在 2011 年以前，"十八斩"只是宁波镇海的一种小吃。当地人又称之为"懒蟹"。"十八"是个约数，形容块很多。就是随手剁一剁生蟹，浇上调料拌着吃。舟山地区也有这种做法。吃它蟹味的鲜甜，吃它生炝的滑嫩。

实际上，吃生蟹这件事早在宋朝便已流行，据宋人高似孙《蟹略》所言，当时把生吃的螃蟹叫作"蟹生"。

宁波炝蟹，重码盐，缸腌，别无旁物；十八斩则更接近宋人"洗手蟹"的生拌之法。据《东京梦华录》记载，当时饭馆内流行的"枨（橙）醋洗手蟹"，便是以橙肉泥与醋作为主要的调味料，将蟹立时切立时拌。食客洗个手的时间，菜就能吃了，因此，将此菜命名为"洗手蟹"。

翁拥军为甬府准备的宁式十八斩，则给原本做法随意的"懒蟹"做出了适合精致餐饮的标准化规定的范式。

伍。甬府 19 道菜

他只取舟山海域冬至阶段最好的红膏蟹做菜。那时候天气冷，西北风最大，蟹膏实体彪最为肥满。活蟹急冻，方便快速烆制。将蟹斩齐齐整整"十八"块，整齐排列，再浇上调料。

调料的口味，则结合了潮汕地区以及温州的口味，但最终的口味和其他地区的又不同。他强调说："潮汕生腌注重用蒜，成品蒜味很重；甬府则是注重用姜。"翁拥军明白，蒜味影响口中的气味。他需要时时考虑精致用餐场景的需求——考虑在食客之前，方能让食客落味到心坎里。

凝结的蟹肉带着寒意和尊贵。每块蟹都会顶着一块冷峻的红膏，那是令人神魂荡漾的朱砂痣。冻后的蟹肉肉质紧致。海蟹自有盐分，可以从黏稠的咸味里释放出糯口的甘甜。

细细用力，就是那种会令舌尖感到害羞的吮吸，将蟹肉轻易从蟹壳中吸出，只觉肉似果冻般清凉通透，又有着贯穿头尾的至鲜。大脑疯狂释放多巴胺，让人感觉真上头，又让人欲罢不能。

除了夏季不能售卖生食的那几个月，其他时候，宁式十八斩一直是甬府每桌的必点菜，并且已经逐渐成为宁波味道的代表作。

伍。 甬府 19 道菜

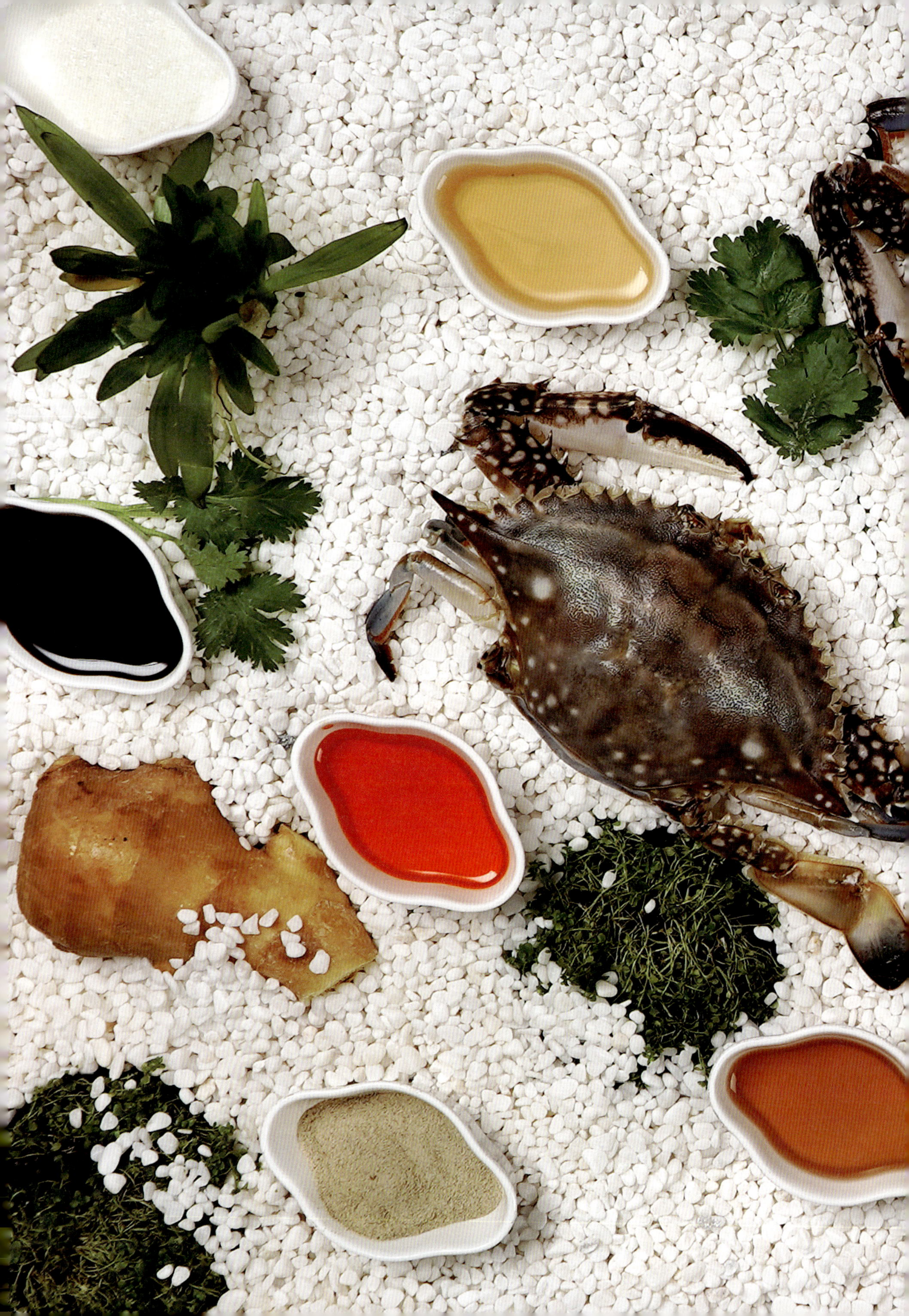

原

红膏蟹 ·················· 500 克

调

生抽 ·················· 8 克

海鲜酱油 ·················· 2 克

胡椒粉 ·················· 1 克

醋 ·················· 2 克

绵白糖 ·················· 1 克

黄酒 ·················· 2 克

香菜末 ·················· 5 克

姜末 ·················· 2 克

红椒末 ·················· 3 克

1. 将红膏蟹切成拇指大小，码成形，再将剩余蟹块码在中间。（图1～图4）

2. 将生抽、海鲜酱油、胡椒粉、醋、绵白糖、黄酒搅拌均匀，制成料汁，淋到蟹块上。再将所有的香菜末、姜末、红椒末撒上，即可上桌。（图5～图7）

— 要 点 —

1. 要选用舟山12月份出产的红膏蟹。

2. 淋料汁的时候，要浇得均匀。

黄鱼子冻

主

黄鱼鱼子 ·········· 500 克
小黄鱼 ·············· 500 克

辅

明胶片 ················· 10 片

调

葱片、姜片 ·········· 共 10 克
老抽 ····················· 90 克
生抽 ···················· 70 克
蚝油 ···················· 50 克
鸡精 ···················· 30 克
糖 ······················· 20 克
黄酒 ···················· 20 克
姜汁 ···················· 50 克
料酒 ···················· 10 克

饰

西瓜块 ················· 少许
香茅叶 ················· 少许

1. 小黄鱼处理干净。

2. 加1500克开水，熬成1000克鱼汤，过滤。明胶片提前用清水泡软。

3. 黄鱼鱼子加葱片、姜片、料酒，煮熟，捞出，沥干水。

4. 将煮熟的黄鱼鱼子搓开备用。

伍。甬府 19 道菜

5. 在热锅中炒干搓好的黄鱼鱼子，再倒入鱼汤，放入除料酒、姜片、葱片之外的其他的调料。

6. 放入泡软的明胶片，煮开。

7. 煮开的黄鱼鱼子汤倒入容器中，放凉。等鱼子和鱼汤自然分层，再放置 4 小时以上至凝固。

8. 按需要切成大小合适的鱼子冻块，用西瓜块和香茅叶装饰即可上桌。

要 点

1. 煮黄鱼鱼子的时候要加入去腥的葱片和姜片。

2. 明胶片不能多放。

3. 鱼子冻一定要完全结冻，才能改刀切块。

伍。甬府 19 道菜

京葱望潮

望潮，是东海传统海鲜。这种落潮时居住在浅海泥洞里的章鱼类生物，能准确地预测涨潮时间，准时悄然爬到洞口，八脚摇动，张望着潮水送来的食物。故得名如此。

以前宁波做望潮，多是爆炒，用咸菜、蒜苗都能炒，或者红焖。翁拥军记得，小时候家里还在用烧火的土灶做饭。母亲手里抓着活望潮，在干锅边上转上几圈，望潮就会变得松脆。再把它漂洗，烹饪。如果预先不处理，成品就会咬不动。

望潮并不是了不得的鲜物，但对它，必须有耐心。

烹制此物，一字要诀曰"打"。

客人下单后，鲜活的望潮便被扔在大盆里慢慢摔打。要打得有节奏、有层次，需反复摔打长达 40 分钟。组织结构松散的一瞬间，便是它下锅落汤时。

翁拥军觉得传统做法的摆盘不好看，于是想到了用京葱来拌。

将望潮击打后余水，取其鲜嫩松脆的本味，再结合京葱的香味，让人吃起来口口生香，还能听得到响。上海食客的食用习惯又跟宁波人不同。宁波人会抢着吃望潮的头，觉得有营养，但上海食客看到有鼻子有眼的望潮头就会退避三舍。于是，甬府会把望潮头部去除后呈盘。若有客人点望潮，那么那天的后厨便有望潮头下酒了。

1. 京葱切指甲大小的片。

2. 下入烧热的色拉油中炸酥备用。

3. 望潮加胡椒粉，反复摔打，烫熟。

4. 剪须，备用。

5. 望潮须加入盐、鸡精拌匀。

6. 再加入京葱片、葱油拌匀，用绿绣球叶装饰即成。

— 要 点 —

1. 望潮要反复摔打足够长的时间。

2. 京葱要炸酥，炸至色泽金黄。

敲虾

甬府敲虾的灵感来自江浙地区历史悠久的民间菜——敲鱼。

敲鱼历史悠久，也是中国菜谱中的一道名菜。敲鱼名而不贵。顾名思义，它的制作方法就是把鱼取肉，用大木槌蘸上传统的番薯粉，一棍一棍敲肉，使肉薄如纸面，可透光。敲好的鱼肉可以做各种料理。鱼的种类不限，多肉少刺即可，如黄鱼、鮸鱼、鳜鱼、鲩鱼……

翁拥军觉得虾的颜色比鱼更好，滋味比鱼肉更丰富，鲜度也更好，于是便有了敲虾。

敲虾是为甬府宴研发出来的创新位上菜，用鲜香红油酱汁来拌。数只虾敲一份。只能在做宴席的时候，看好时间开始敲。一般要敲上 3 ~ 5 分钟。为了防止出水，要现敲、现灼、现拌。

成品薄如纸，色如玉，入口筋道，似面非面，鲜香辣爽，令人不忍释筷。

主

大青虾仁 …………… 4 只

辅

西葫芦 …………… 80 克

调

番薯粉 …………… 100 克
白醋 …………… 5 克
野山椒 …………… 10 克
生抽 …………… 6 克
花椒粉 …………… 3 克
红油 …………… 5 克
糖 …………… 2 克
鸡精 …………… 5 克

饰

紫苏叶 …………… 少许

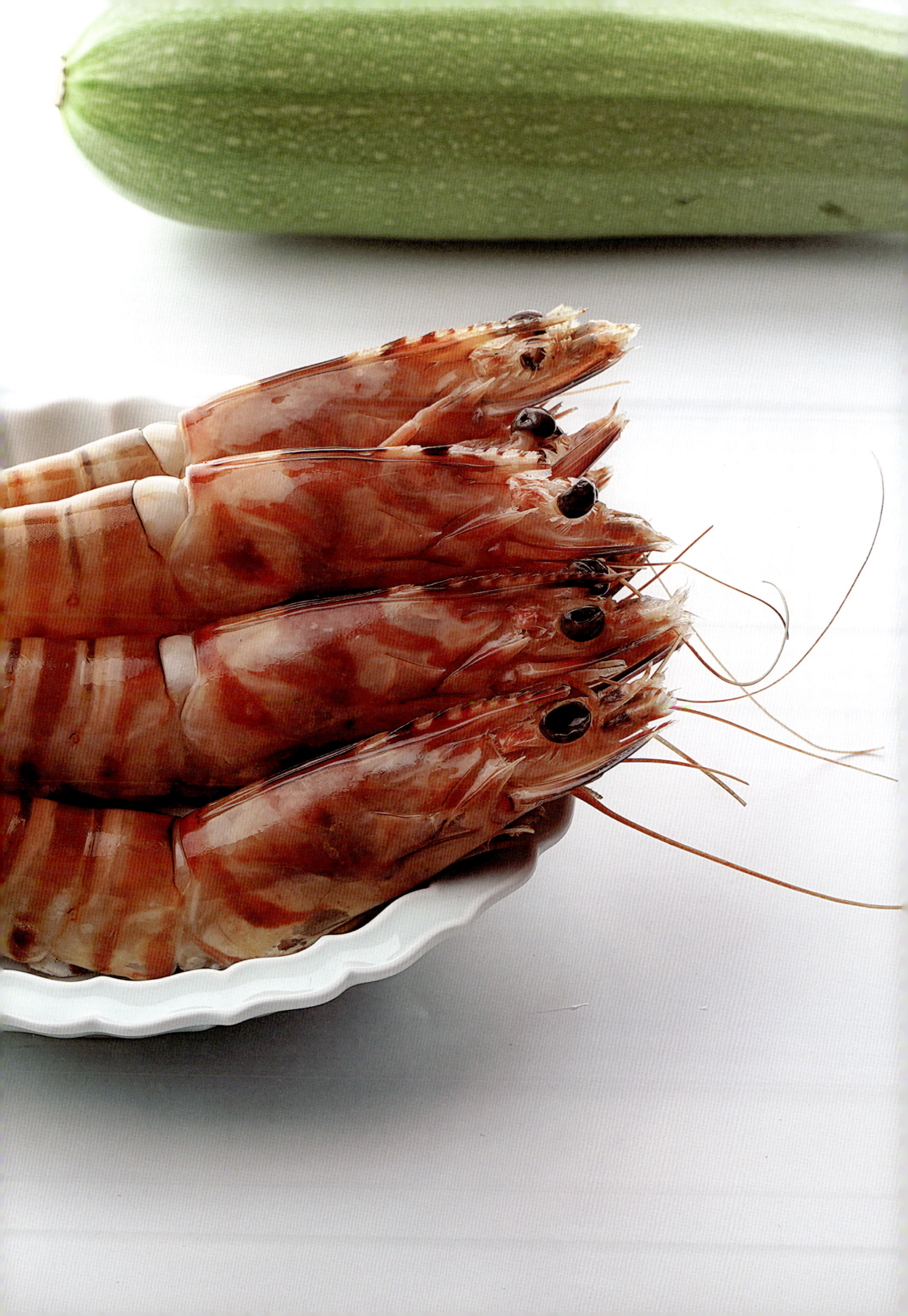

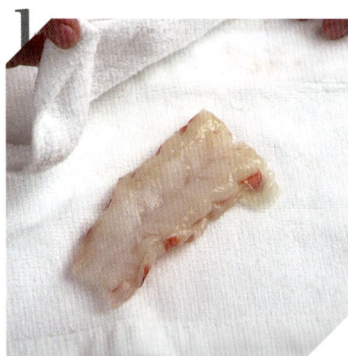

1. 把青虾仁准备好。

2. 加番薯粉敲成纸片厚薄的虾片。

3. 把敲好的虾片放到开水中烫熟。

4. 捞出，沥干水备用。

5. 把西葫芦切成火柴棍粗细的丝。

6. 将西葫芦丝盘在盘中打底。

7. 把烫好的敲虾切成 1 厘米宽的长片。

8. 摆在西葫芦丝上。

9. 淋入用白醋、野山椒、生抽、花椒粉、红油、糖、鸡精调成的汤汁。

10. 装盘，用紫苏叶装饰即可。

伍。甬府 19 道菜

—— 要 点 ——

1. 敲虾仁的时候，力度不要过大，要敲得厚薄均匀。

2. 水开后关火，再放入敲好的虾，使成品呈透明状。

蟹糊豆腐包

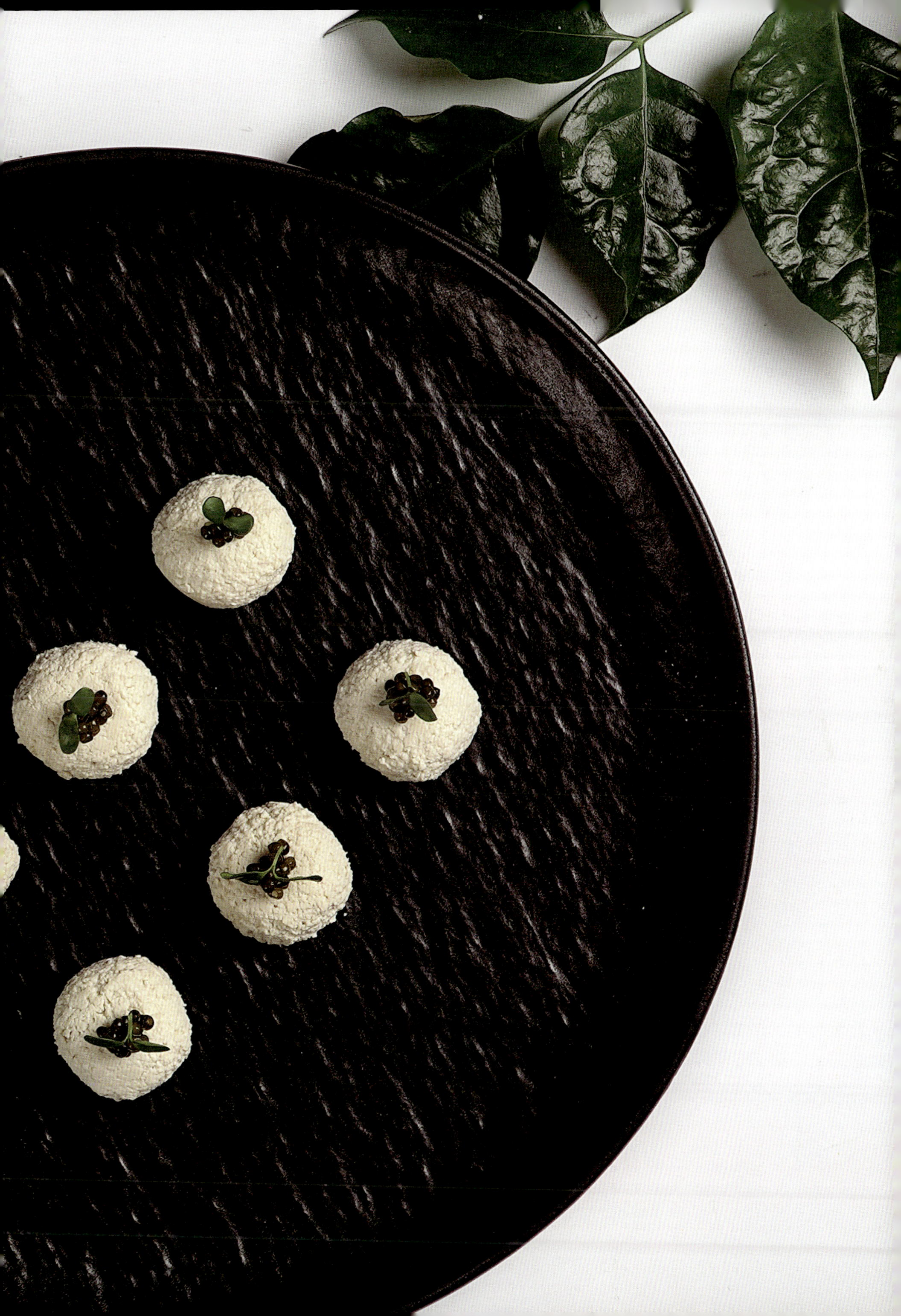

1. 膏蟹肉治净。

2. 加少许盐、少许糖、黄酒搅打成蟹糊。装入裱花袋中备用。

3. 盐卤豆腐用开水烫一下，沥干水，压成泥。

4. 加入剩余盐、剩余糖、鸡精、麻油，搅拌均匀。

5. 手上铺上干净纱布，取 15 克豆腐泥，搓成球后在手中压扁，做成饼状，挤入 5 克蟹糊，用纱布包成球。

6. 点缀鱼子酱和芽苗装饰即可。其他豆腐包依次包好摆盘。

— 要 点 —

1. 做蟹糊的时候一定要打上劲。

2. 豆腐泥要把蟹糊均匀裹在中心，口要封好。

伍。甬府 19 道菜

油渣芋芳羹

在创立甬府之时，翁拥军就创作了这道油渣芋芳羹。从 2011 年起，芋芳羹就成了甬府必点的招牌菜。

这道菜的灵感来自象山港地区的风土小吃"敲骨浆"。宁波人以米饭为主食，家常菜里少不了"汤""羹""浆"与"糊辣"。在《宁波老味道》一书中，作者柴隆认为全国都有"汤"和"羹"，但唯有"浆"与"糊辣"是地道的宁波特色食物。

在当地，无论红白喜事还是请客待亲，这道"敲骨浆"都是必备菜肴。"敲骨浆"的"敲"字，

宁波方言念作"kao"。选取上好的猪大骨，要用榔头敲碎，而不是用刀斩碎。以前家家户户都有大灶头，锅中先放油，将猪骨过油脆炸后，加水煨烂，骨头一敲就碎。然后再把煨烂的骨头，倒入热锅，加入磨碎的炒米粉和调料，不断搅拌均匀，才有了颗粒感分明但又浓香四溢的"敲骨浆"。

甬府希望在大都市现代厨房里依然能够延续风土的感动，便有了改良和精致化的油渣芋芳羹。浓郁醇厚的筒骨炖汤打底，放入精挑细选的奉化萧王庙芋芳头切成的小块，慢慢炖到酥，撒上猪油渣碎。筒骨汤浓，猪油渣香，芋头粉糯。甬府把粗粝磨成细致，把影响沉醉的障碍都扫除，只留下直达人心的香郁。

主

奉化芋头 …………… 300 克

辅

青蒜叶段 …………… 10 克

调

筒骨浓汤 …………… 800 克
猪板油 适量（实用油渣 5 克）
生抽 …………… 35 克
老抽 …………… 8 克
鸡精 …………… 5 克
糖 …………… 8 克
生粉 …………… 适量

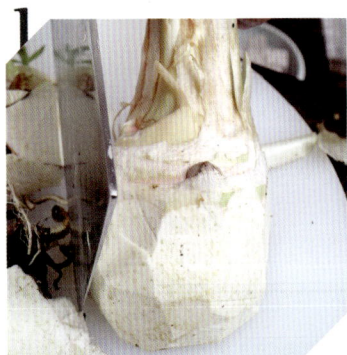

1. 芋头去皮蒸熟。

2. 压成芋泥备用。

3. 猪板油熬成油渣。

4. 将油渣剁成泥备用。

5. 先将油渣泥炒香，取 5 克油渣泥加入芋泥。

6. 加入筒骨浓汤，搅均匀。

7. 加入生抽、老抽、鸡精、糖。用生粉勾芡。

8. 加入青蒜叶段，起锅，装碗即可。

伍。甬府 19 道菜

── 要 点 ──

1. 要选用奉化芋头。

2. 猪板油要炸得干一些，才能出来香味。

笋芙菜蒸鲳鱼

笋芙菜和象山本港白鳞鲳鱼都是宁波本地食材，原本并无交集，但翁拥军创造性地让它们合于一盘中。这是属于宁波的山珍海味。

春天是它们共同的季节。笋芙菜原本是五花肉的黄金搭档，在余姚，最嫩的春笋总是跟咸菜晒在一起。跟绍兴的霉干菜不一样，笋芙菜是有笋有菜，"笋芙"是笋的嫩头，是春笋最好的位置，带着脆，带着甜。水被日头带走大半，却吸收了外来的风味。

　　俗话说"三鲳四鳓"，农历三月正是鲳鱼最鲜美的时候。象山本港白鳞鲳鱼，六七两重最好，肉质最为细腻肥美。翁拥军用笋芙菜来蒸鲳鱼，用宁波的山之味去"重叠"海之味。鲳鱼鲜嫩入味，笋芙菜干香，合在一起产生了"1 + 1"大于"2"的效果，是春日里的宁波味道。

主

鲳鱼	·············	150 克
笋芙菜	·············	20 克

辅

猪五花肉	·············	10 克
茭白	·············	250 克

调

姜末	·············	5 克
葱白	·············	2 克
盐	·············	1 克
鸡精	·············	1 克
蚝油	·············	1 克
生抽	·············	3 克
老抽	·············	2 克
糖	·············	3 克
蒸鱼豉油	·············	3 克
色拉油	·············	5 克

1. 将五花肉切末，笋芙菜切末。

2. 将少许色拉油放入锅中加热，加五花肉肉末和笋芙菜末炒匀，再加姜末炒香备用。

3. 茭白切火柴梗粗细、8厘米长的丝。鲳鱼片出肉。

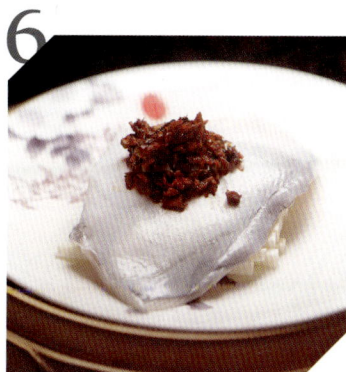

4. 茭白丝在盘中打底,放上鲳鱼肉。

5. 放上炒好的五花肉末和笋芙菜末,蒸5分钟。

6. 蒸好后取出,淋上蒸鱼豉油,放上葱白。将剩余色拉油烧热,
   浇在菜上,再浇上其他调料做成的料汁即可。

要 点

1. 要选用东海白鳞鲳鱼。
2. 笋芙菜要炒出香味。

伍。甬府 19 道菜

堂灼大黄鱼

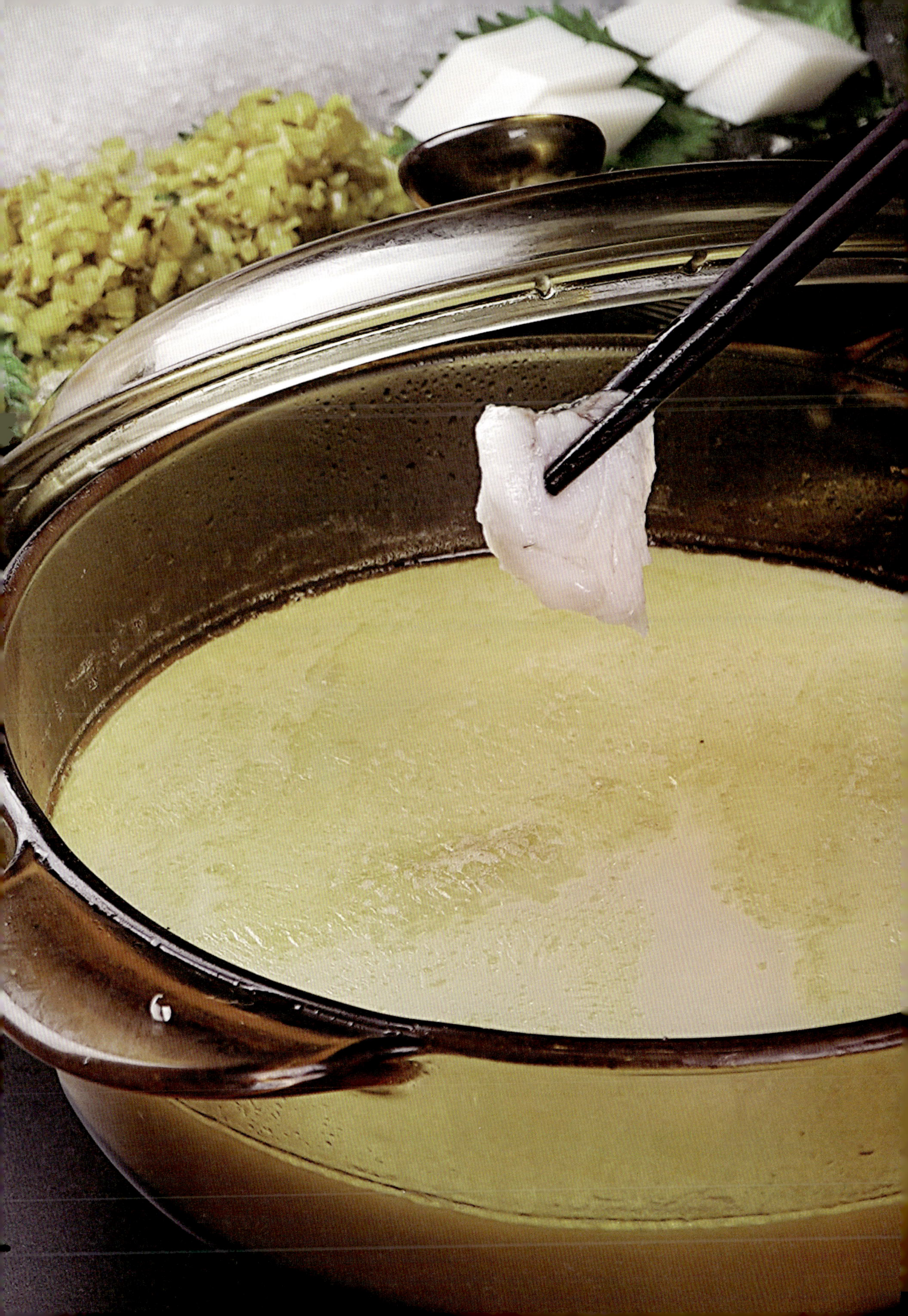

雪菜大汤黄鱼是宁波十大名菜之一。在宁波，雪里蕻咸菜是每家的常备之菜。当地有句老话："三天不喝咸菜汤，两脚有点酸汪汪。"以此表达对雪里蕻咸菜的爱好。

在《中国名菜谱》浙江风味部分是这样说的：雪菜大汤黄鱼，系用浙江舟山渔场所产的大黄鱼烹制。该鱼鱼体肥壮，肉质结实，汤汁乳白浓醇，口味鲜咸合一，不仅是宁波酒楼、饭店常年供应的传统食材，做成的菜也是沿海民间筵席上的上等菜肴。

但这样的"上等"，10多年前的上海食客并不认。翁拥军记得，10多年前，上海食客们对大黄鱼的概念不清晰。他们认为老鼠斑最贵，请客最有面子。

雪菜大汤黄鱼，要先用猪油煎黄鱼，烹绍酒，舀入沸水，旺火烧。成品汤白肉鲜，但卖相并不好看。请客的人从色面上，也看不出大黄鱼的价格高昂。翁拥军由此想出了堂灼大黄鱼的方式。汤和鱼分而烹之。大黄鱼整条上桌，片出的鱼片灿烂如金，形如日料刺身。鱼嘴处叼鱼鳔，证明深海网出，出水即鳔破而死。小车推出电炉，玻璃瓮中，煮着一锅奶汤——这是用小黄鱼熬制的大汤。再用大汤堂灼黄鱼片，汤头浓郁，鱼片完整，而且鱼汤灼鱼肉，鱼味相叠，鲜上加鲜。

这道经典宁波菜肴的现代演绎，2014年经甬府锦江店甫一推出，立刻成为餐厅招牌菜、甬味代表作，也是各种筵席极具表演性的高潮所在。

主

深海大黄鱼 ········· 1000 克

辅

小黄鱼 ·············· 600 克
雪菜·················· 150 克
笋丝 ·················· 50 克
年糕 ·················· 100 克

调

盐 ···················· 15 克
姜汁 ·················· 10 克
姜片 ·················· 30 克
植物油 ················ 适量

2. 将大黄鱼切成厚片，摞在冰台上。

3. 年糕改刀备用。

4. 用油煎小黄鱼。

5. 加入 2000 克水，熬出 1500 克鱼汤。

6. 现场烹制，需用卡司炉烧开鱼汤，放入年糕，再放入雪菜、笋丝，最后放入鱼片，烫熟即可。

—— 要 点 ——

1. 大黄鱼要处理干净。

2. 鱼肉要片得厚薄均匀。

3. 小黄鱼的鱼汤要熬成浓稠的奶白汤。

4. 煮年糕时注意不要使其粘锅底。

121

鱼子酱焗米鱼

主

米鱼肉 ·············· 120 克

辅

鱼子酱 ·············· 2 克

调

葱段 ·············· 15 克
姜片 ·············· 20 克
老抽 ·············· 30 克
葱油 ·············· 30 克
蜂蜜 ·············· 30 克
盐 ·············· 3 克
鸡精 ·············· 3 克
黄酒 ·············· 20 克
生抽 ·············· 5 克

饰

香茅叶 ·············· 少许
绿绣球叶 ·············· 少许

1. 米鱼肉冲洗干净，加葱段、姜片、少许盐、少许鸡精、黄酒腌制半小时。

2. 剩余盐、生抽、剩余鸡精、老抽、葱油、蜂蜜调成酱汁。

3. 米鱼肉入烤箱用 180℃烤 5 分钟，取出，刷调好的酱汁，再烤 2 分钟。

4. 取出后点缀上鱼子酱，装盘用香茅叶和绿绣球叶装饰即可。

伍。甬府 19 道菜

黄鱼狮子头

伍。甬府 19 道菜

1. 黄鱼肉切成小丁，肥膘切成同样大小的丁。

2. 鱼肉丁和肥膘丁加盐、糖，搅打上劲，搓成球。

3. 将肉球表面用生粉水轻捏。

4. 再放入开水中，小火养熟。

5. 鸡汤用盐调好味，将狮子头和松茸放入鸡汤中煮半小时。

6. 将狮子头放入碗中，放入煮熟的菜心和蟹膏点缀即可。

— 要 点 —

1. 鱼肉要处理干净血水。

2. 鱼肉泥一定要搅打上劲。

和尚蟹冬瓜盅

　　和尚蟹烧汤是真正的宁波地方味道。这种体长不超过2厘米的小螃蟹，可能是唯一能够直行的螃蟹。它们喜欢集结成庞大的群体寻找食物，浩浩荡荡在沙滩上前行的样子很像军队，故而又被称为"兵蟹"。和尚蟹是东海滩涂上特有的物种。如果说小螃蟹，绝大部分宁波人吃螃蜞可能更多一点。

　　翁拥军曾在慈溪工作过，看过当地人吃和尚蟹。或者把壳拍碎，用铁板烤出来，嚼嚼渣，就很鲜很下酒；或者用刀背敲碎蟹壳，放入姜丝、咸笋丝，或许还有腌肉片，

再码入麻将大小的冬瓜块，在炭火炉灶上咕嘟咕嘟冒泡的汤水，就是童年的味道。

翁拥军熟知各种蟹，梭子蟹、青蟹、螃蜞、大闸蟹……但他觉得只有和尚蟹的鲜味能有那么强劲的穿透力，跟无味清透的冬瓜是绝配。

他曾在 2019 年的甬府宴推出了甬府和尚蟹冬瓜羹，并用了川菜中"冬瓜燕"的做法演绎冬瓜——以刀工和手工将冬瓜切得细如燕窝，工序复杂。"冬瓜燕"是延绵在川蜀人民记忆里的一道顶级功夫菜。

后来在日常菜单里，甬府则会直接将冬瓜挖球，搁在用和尚蟹炖的金色浓汤里一起炖出来，冬瓜球软糯，吸满了和尚蟹直冲入脑的鲜味。

即便是常见食材，若能理解它的极端优势，也能通过精致烹饪的表达，让其成为殿堂级的美味。

主

和尚蟹 ·············· 500 克

冬瓜球 ·············· 30 只

辅

青蒜叶 ·············· 20 克

调

菜油 ·············· 50 克

姜片 ·············· 30 克

盐 ·············· 15 克

糖 ·············· 5 克

1. 将大部分和尚蟹用刀背拍碎。留少许完整的和尚蟹备用。

2. 将姜片用菜油炒出香味，然后将和尚蟹碎放入锅中煎香。

3. 加入 2000 克开水，熬成 1500 克蟹汤。

4. 蟹汤中加冬瓜球。

5. 煨 8 分钟。

6. 蟹汤与冬瓜起锅装盘。

7. 摆上造型相对完整的和尚蟹即成。

— 要 点 —

1. 熬蟹汤时，要加入开水。

2. 汤汁要用大火，熬 8 分钟，要熬到浓稠。

伍。甬府 19 道菜

灌汤黄鱼

翁拥军对灌汤黄鱼的情结来自一部 1995 年由徐克执导，张国荣、袁咏仪主演的电影《满汉全席》。灌汤黄鱼是贯穿全剧的线索，是过了许久仍能让人念念不忘的绝品，是满汉全席的大轴。

2016 年，翁拥军的后厨团队开始研发灌汤黄鱼。他们看过书，看过纪录片，试了各种方法，但一直没有成功。全鱼去骨，虽然是比较难的手工活，但厨师团队可以做到。难点在于，他们将冷冻汤汁灌注到鱼腹中，不论用何种方式加热，汤汁最后都会因为膨胀爆体而出。

但灵感就来自一瞬间。厨房团队有一天受人提点，说要么把鱼腌一下———语惊醒梦中人。黄鱼腌制两小时后，鱼肉质感比原来组织体系更加严密。这样一来，汤汁再也不会爆体而出。

实验成功的灌汤大黄鱼，在 2018 年的黄鱼宴上大获好评。甬府没有用满汉全席的传统形式——身披燕菜，腹容鲍参翅肚；而是在黄鱼腹内藏有云南野生菌子的浓汁，刀落汁出，香气爆棚。

如今，甬府对灌汤黄鱼的操作已经非常纯熟，不论是位上的 3 两黄鱼还是用于桌菜的 3 斤黄鱼，不论蒸还是烤都可以操作。鱼腹锁封汤汁亦能多样化，酸汤便是最近颇受欢迎的口味。

伍。甬府 19 道菜

深海大黄鱼 ……… 1000 克

酸白菜 ………… 300 克
目鱼茸 ………… 30 克
甜豆 …………… 5 克
明胶片 ………… 2 片

高汤 …………… 1500 克
盐 ……………… 25 克
鸡精 …………… 5 克
糖 ……………… 3 克
葱 ……………… 50 克
姜片 …………… 50 克
猪油 …………… 50 克
葱油 …………… 20 克
老抽 …………… 20 克
蜂蜜 …………… 20 克
盐水 …………… 适量

1. 大黄鱼洗净，去内脏洗净后去骨。

2. 放入加入葱和姜片的盐水中腌 2 小时。

3. 酸白菜切条，用猪油加盐、鸡精、糖炒透，加入高汤，小火熬 15
   分钟。

4. 将熬的酸白菜过滤成酸汤，加甜豆、泡好的明胶片拌匀，放入冰
   箱凝固。

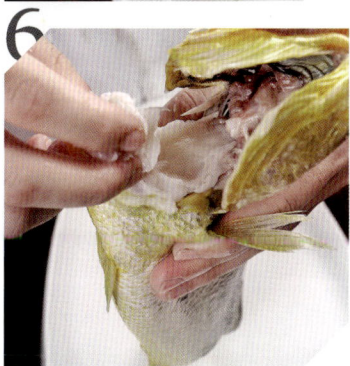

5. 将腌好的大黄鱼表皮吹干，肚中灌入凝固的酸汤汁。

6. 用目鱼茸把鱼肚子封起来。将鱼放入烤箱，用上下火 180℃ 烘烤 12 分钟。

7. 刷上用葱油、老抽和蜂蜜调成的酱汁再烤 3 分钟。

要点

1. 大黄鱼去骨的时候要小心，不能弄破皮。

2. 封口要严，防止烤制的时候鱼肚皮破裂。

香芹海瓜子

主

海瓜子 …………… 200 克

辅

香芹 …………… 30 克

调

姜片 …………… 10 克
盐 …………… 6 克
矿泉水 …………… 60 克

1. 香芹切碎。

2. 海瓜子洗净备用。

3. 锅中放 600 克矿泉水，加入海瓜子、姜片，加盐调味。煮至海瓜子开口，起锅装盘，撒入香芹碎即可。

— 要 点 —

海瓜子要新鲜，烹煮前要让其吐干净泥沙。

伍。甬府 19 道菜

红焖蒜子鲜鳗胶

1. 青蒜叶切成段。独头蒜改刀，用一半色拉油炸成金黄色备用。

2. 鳗胶洗干净。

3. 鳗胶汆水备用。

4. 热锅加剩余色拉油，放入独头蒜和鳗胶，再加入剩余调料，小火焖 5 分钟，转大火收汁。

5. 出锅撒上青蒜叶即可。

要 点

1. 鳗胶要处理干净。

2. 收汁的时候，注意火候，小火焖 5 分钟后大火收汁。

伍。甬府19道菜

宁波汤圆

伍。甬府 19 道菜

在很多人心目中，"汤圆"两个字是和宁波直接挂钩的。

翁拥军从没在上海市面上吃过好吃的汤圆。10 多年前，好吃的汤圆都是家里长辈亲手搓的，制作效率低，产量小。大部分餐厅，为了方便，都是直接下速冻汤圆。当时，也有些餐厅致力于精致餐饮。他们对于精致汤圆的概念就是把它搓小，做得如珍珠丸子般。但翁拥军却要恢复它传统的荔枝般大小，他说："宁波菜馆，做不出好吃的汤圆，就太坍台了。"

　　在银河宾馆的甬府酒楼开业之前，翁拥军想要做出记忆中的宁波汤圆。宁波人以前家家户户自己做汤圆，都是冬至泡糯米，用石磨磨出糯米浆，用洋布袋接住，把水慢慢沥干，花三四天把糯米粉风干，一块块摆出来，做出的就是水磨糯米粉。成品颜色亮，口感细。黑洋酥馅，要取安徽黑芝麻，手工臼杵捣碎，加上本地土猪猪板油。但每家每户比例不同。

如何才能得到最好味的汤圆呢?

怎样才能找到最地道的老味道呢?

翁拥军想出了个悬赏汤圆配方的法子,宁波鄞县(现鄞州区)四明山区是宁波老味道的库藏区。他向村民悬赏 5 万,寻求汤圆配方。选出第一名拿方子教会团队后,便可拿走奖金。

村子里共有 20 多户人家参与了评选,翁拥军和团队一天之内吃了 20 多碗汤圆方才选出方子。后来翁拥军还加了独门技巧:自制土猪板油。

在疫情严重的时候,甬府推过一阵子汤圆外卖,便特意调整了皮和馅的比例,以便于客人在家也能煮出不破皮的甬府汤圆。它迅速成了爆款。

主

水磨糯米粉 ········· 280 克
黑芝麻 ·············· 500 克
猪板油 ············· 1000 克
白砂糖 ············· 1000 克

饰

桂花 ··············· 10 克

1. 黑芝麻炒熟至出香味。

2. 用石臼捣成粉。

3. 把黑芝麻、猪板油、白砂糖混合，揉匀制成汤圆馅。

4. 把汤圆馅搓成 16 克一个的丸子，冻硬备用。

5. 水磨糯米粉加水和成面团。

6. 搓成条，切成 14 克一个的剂子，按扁，即成汤圆皮。

7. 把汤圆馅丸子放入汤圆皮中，封口，搓圆。

8. 下入开水中煮熟，装饰桂花即可食用。

要点

1.要采用冬至后取出的猪板油。

2.芝麻要用当年收的新鲜黑芝麻，炒香后用石臼捣碎。

韭菜虾仔饭

2021 年春天，翁拥军想做一款招牌主食——好吃，高级，且极具特色的大锅饭。

他和厨房团队为此绞尽脑汁，试了各种各样的组合和搭配，总觉得没有一击制胜的效果。最后，他把目光放在了韭菜虾仔上。

春天的韭菜最是鲜嫩多汁。杜甫诗曰："夜雨剪春韭，新炊间黄粱。"韭菜虾仔是宁波老菜。东海虾仔，新鲜，细小如蓉，口感若糜，带着迷幻的紫灰色。它不是虾卵，而是已有雏形的细虾，毛茸茸，鲜入骨，揉在碧色韭菜间炒作一处。成品看似寻常，鲜味却能持久，穿透力极强。

虽然这是一道很受欢迎的春夏鲜菜，但主厨徐昆磊仍觉得棘手："韭菜虾仔是会出水的，怎么能够用米做盖饭呢？"多方尝试后，翁拥军想到将它跟干香的煲仔饭进行结合。先煲一锅饭，略有焦香。将韭菜虾仔加细芹解腻起香，并配了肥油汪汪的和牛肉粒。饭和菜搭配相得益彰。

"效果出奇地好。"于是，从2021年开始，熟客们都知道，去甬府，要吃"饭"。

每次大砂瓮上桌，开盖就是随着热气喷薄而出的饭香。将炒好的韭菜虾仔盖在饭上，再闷3分钟。浓郁的香气和肥润的油脂随着热气缓缓渗入饭里，仿佛浓度不一的液体融合在一起一般。饭和韭菜虾仔在这3分钟里，依靠油脂达成了某种秘而不宣的默契。

锅盖掀起，餐桌大戏上演。热气蒸腾中，一柄大勺将它们来回搅拌，掀上半空再落下，倒在一处。一人一碗，饭未入口，已馋不自禁。

这是令人拍案叫绝的创作，同时也是对传统菜品举一反三后的创作，是对宁波风味菜进行大胆尝试后的新经典。

主

鲜虾仔（苗）	200 克
东北大米	500 克
韭菜	300 克

辅

和牛肉	50 克
芹菜	50 克

调

虾酱	60 克
生抽	30 克
老抽	20 克
黄酒	50 克
姜汁	20 克
蚝油	10 克
胡椒粉	2 克

1. 韭菜切末，和牛肉切成末，芹菜切成粒。将鲜虾仔、一半韭菜末、和牛肉末、芹菜粒炒香。

2. 加入全部调料，炒匀备用。

3. 大米淘洗干净。

4. 土砂锅中加入适量清水，煮好米饭。

5. 将炒好的虾仔韭菜芹菜肉末均匀地铺在煮好的米饭上。

6. 撒上剩下的韭菜末，盖上盖闷 3 分钟，拌匀后即可食用。

—— 要 点 ——

1. 米饭煮干些，最好有锅巴。

2. 鲜虾仔腥味大，需要先挑拣出杂物再处理干净。

伍。角府 19 道菜

厚切海螺

伍。 甬府 19 道菜

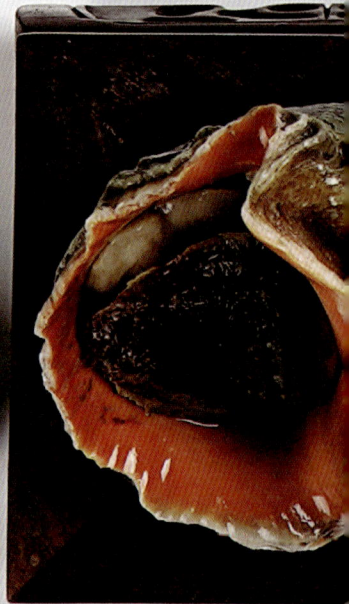

主

海螺 ‥‥‥ 3000 克（10 只）

辅

肥膘末 ‥‥‥‥‥‥‥ 100 克
黄瓜片 ‥‥‥‥‥‥‥ 适量

调

葱白末 ‥‥‥‥‥‥ 100 克
姜末 ‥‥‥‥‥‥‥‥ 30 克
花椒 ‥‥‥‥‥‥‥‥‥ 5 克
姜片 ‥‥‥‥‥‥‥‥ 30 克
高汤 ‥‥‥‥‥‥‥‥ 2000 克
鸡精 ‥‥‥‥‥‥‥‥ 40 克
蚝油 ‥‥‥‥‥‥‥‥ 10 克
牛抽 ‥‥‥‥‥‥‥‥ 100 克
高度白酒 ‥‥‥‥‥‥ 10 克
老抽 ‥‥‥‥‥‥‥‥ 10 克
黄酒 ‥‥‥‥‥‥‥‥ 30 克
胡椒粉 ‥‥‥‥‥‥‥‥ 2 克

饰

三色堇 ‥‥‥‥‥‥‥ 少许
绿绣球 ‥‥‥‥‥‥‥ 少许

1. 将海螺放入用姜片煮开的水中汆水。

2. 汆好的海螺用牙签挑出螺肉，并将杂物处理干净，壳留用。

3. 将准备好的肥膘末、葱白末、姜末、花椒入锅炒香。

4. 锅中加入高汤，并加入其他调料调匀。

5. 将处理好的海螺肉放入调好的汤汁中，小火慢煮 4 小时。煮好后再浸泡一整晚。

6. 第二天，将泡好入味的海螺肉捞出，切厚片。

7. 将黄瓜片摆入海螺壳中，码上切好的螺肉片，一起摆入用碎冰铺底的盘中，装饰上三色堇和绿绣球即可。

--- 要 点 ---

1. 处理海螺肉时，需要将煮好的海螺的内脏和表面的黏液清洗干净。

2. 海螺肉浸泡一夜方能入味。

伍。甬府 19 道菜

香煎膏鱿鱼

膏鱿鱼 ················ 500 克

葱段 ················ 20 克

姜片 ················ 20 克

蒜片················ 20 克

色拉油 ············· 50 克

黄酒 ················ 20 克

生抽 ················ 10 克

老抽················ 5 克

糖 ················· 3 克

鸡精 ················ 3 克

蚝油 ················ 5 克

铜钱草 ············· 少许